Albert Thiele

Rhetorik

Albert Thiele

RHETORIK

Sicher auftreten - überzeugend argumentieren beim Chef, vor Besuchern, am Telefon

GABLER
SEKRETARIAT

Die Deutsche Bibliothek – CIP-Einheitsaufnahme

Thiele, Albert:
Rhetorik : sicher auftreten – überzeugend argumentieren – beim Chef, vor Besuchern, am Telefon / Albert Thiele. – 2., überarb. Aufl. – Wiesbaden : Gabler, 1991
(Gabler-Sekretariat)
ISBN 3-409-29148-2

1. Auflage 1991
2. Auflage 1994

Der Gabler Verlag ist ein Unternehmen der Verlagsgruppe Bertelsmann International.

Lektorat: Manuela Eckstein

Höchste inhaltliche und technische Qualität unserer Produkte ist unser Ziel. Bei der Produktion und Verbreitung unserer Bücher wollen wir die Umwelt schonen: Dieses Buch ist auf säurefreiem und chlorfrei gebleichtem Papier gedruckt. Die Einschweißfolie besteht aus Polyäthylen und damit aus organischen Grundstoffen, die weder bei der Herstellung noch bei der Verbrennung Schadstoffe freisetzen.

Umschlaggestaltung: Schrimpf und Partner, Wiesbaden
Satz: Fotosatz Huhn, Maintal
Druck und Bindung: Wilhelm & Adam, Heusenstamm
Printed in Germany

ISBN 3-409-29148-2

Inhalt

Bedeutung des Themas

Als Sekretärin haben Sie täglich Überzeugungsarbeit zu leisten. Am Telefon, in persönlichen Gesprächen, in Diskussionen und Besprechungen oder bei Vorträgen. Immer geht es darum, Ideen und Vorstellungen anderen zu „verkaufen“. Die Kunst zu überzeugen und auch mit schwierigen Gesprächspartnern zurechtzukommen, gehört zweifellos zu den Fähigkeiten, die Schlüsselcharakter haben. Für den beruflichen wie auch für den privaten Erfolg. Es lohnt sich daher sicherlich, über bewährte Wege und neue Möglichkeiten nachzudenken, um die eigene Überzeugungskraft zu verbessern.

Sicheres Auftreten ist genauso wie Argumentationsgeschick in besonderer Weise im Sekretariat gefordert. Dies zeigen die folgenden Situationen, die in meinen Seminaren für Sekretärinnen, Chefassistentinnen und weibliche Führungskräfte als besonders schwierig herausgestellt werden:

- Gesprächspartner (Besucher, Kollegen oder Kunden) werden unsachlich, treten rechthaberisch auf und bringen Vor-Urteile und unfaire Taktiken ins Spiel:
  „Wie wollen Sie als Frau das beurteilen können..."
  „Das ist völlig unrealistisch, was Sie da sagen..."
- Bürotouristen. Dies sind Kollegen oder Besucher, die Ihnen die Zeit stehlen durch Bla-Bla-Gespräche.
- Aggressive Anrufer, die sich auf persönliche Kontakte zum Chef oder auf die Bedeutung und Dringlichkeit Ihres Anliegens berufen.
- Umgang mit Fach- und Führungskräften aus anderen Bereichen, die ihre rhetorische Überlegenheit ausspielen wollen.
- Gespräche und Diskussionen, in denen man unvorbereitet – praktisch aus dem Stegreif – argumentieren muß.
- Es läuft eine Diskussion über ein Gebiet, auf dem ich nicht kompetent bin. Wie soll ich mich verhalten...?
- Redehemmungen und Lampenfieber.

Sicherlich können Sie diese Reihe von Beispielen erweitern durch schwierige Gespräche und Gesprächspartner, die Ihnen von Zeit zu Zeit oder ständig Kopfzerbrechen bereiten.

Dieses Buch möchte Ihnen helfen, Ihre Ziele und Interessen besser durchzusetzen. Die dargestellten Praxishilfen ermöglichen es Ihnen, Ihre eigenen Stärken und Schwächen zu erkennen und daran anknüpfend Ihre Überzeugungskraft gezielt zu vervollkommnen.

Die Inhalte dieses Ratgebers haben nicht nur eine unmittelbare Bedeutung für die aktuelle Praxis im Sekretariat. Sie sind darüber hinaus von unschätzbarem Wert bei der Verwirklichung Ihrer künftigen Karriereziele und bei der Chefberatung.

Bevor wir die Konzeption des Buches vorstellen, einige Fragen zur Aktivierung Ihrer Erfahrungen.

Wie sieht es in Ihrem Alltag aus?

- Haben Sie eine Vorstellung davon, wie Sie auf andere wirken, wenn Sie sprechen, argumentieren, diskutieren?
- Kommen Ihnen Situationen oder Gesprächspartner in den Sinn, die Ihnen erfahrungsgemäß Schwierigkeiten bereiten? Woran liegt das vermutlich?
- Was meinen Sie, wovon ein sicheres Auftreten und überzeugendes Argumentieren abhängt?
- Durchdenken Sie diese Fragen, und schreiben Sie Ihre Antworten nieder.

Konzeption und Aufbau des Buches

Damit Sie sich rasch orientieren können, ist das vorliegende Buch als Selbstlernprogramm aufgebaut. Theoretische Ausführungen sind zugunsten praktischer Handlungsempfehlungen auf ein Mindestmaß beschränkt worden. Abbildung 1 zeigt Ihnen den inneren Aufbau (Konzeption) des Ganzen.

Sicher auftreten – überzeugend argumentieren

Allgemeine Voraussetzungen

1. Selbstvertrauen	2. Überzeugungskraft	3. Selbstdarstellung und Rhetorik
4. Vorbereitung	5. Grundregeln für die Argumentation	6. Fünfsatztecnik
7. Fragetechnik	8. Einwandtechnik/ Aktives Zuhören	9. Unfaire Taktiken abwehren

Konkrete Anwendungssituationen

10. Gespräche führen	11. Diskutieren	12. Telefonieren
13. Besprechungen	14. Präsentieren	15. Ideen „verkaufen“

Abb. 1

Der Leitfaden ist flexibel konzipiert. Sie können bei Bedarf in einen Baustein Ihrer Wahl, z.B. „Selbstvertrauen“ oder „Diskutieren“ einsteigen, ohne die anderen durchgearbeitet zu haben.

Erläuterung zur Gliederung der Bausteine

Die Bausteine 1 bis 15 fassen die wichtigsten Ansatzpunkte und Techniken zur überzeugenden Argumentation zusammen. Sie gliedern sich in zwei große Abschnitte:

Grundlagenteil

Die Bausteine 1 bis 9 behandeln die allgemeinen Voraussetzungen für sicheres und gewinnendes Auftreten und erfolgreiche Argumentation. Der erste Baustein zeigt Ihnen, wie Sie Ihr Selbstvertrauen entwickeln und Redehemmungen kontrollieren können. Daran anknüpfend lernen Sie im Überblick die Faktoren kennen, von denen Ihre Überzeugungskraft abhängt. In den Bausteinen 3 bis 9 behandeln wir dann konkrete Techniken und Regeln zur positiven Selbstdarstellung und zur Kunst des Argumentierens.

Eingeschlossen sind auch unfaire Tricks und Winkelzüge. Wer darauf vorbereitet ist, hat die Möglichkeit, unredliche Taktiken bei anderen frühzeitig zu erkennen und abzuwehren.

Konkrete Anwendungssituationen

Hier erfahren Sie, wie die allgemeinen Voraussetzungen in konkreten Situationen des Sekretariats zur Anwendung gelangen. Im einzelnen geht es um die Verbesserung Ihrer Überzeugungskraft

– bei der Gesprächsführung,
– beim Diskutieren,
– beim Telefonieren,
– bei Besprechungen,
– bei Präsentationen,
– beim Verkaufen von Ideen.

Ein abschließendes Kapitel zeigt Ihnen, was unter lern-psychologischem Blickwinkel zu beachten ist, um neue Gewohnheiten im Alltag aufbauen zu können. Dieser Punkt schließt auch die Frage ein, wie Sie das Selbstlernen in sinnvoller Weise durch den Besuch von Seminaren ergänzen können.

Wie Sie dieses Buch bestmöglich nutzen

Beim Durcharbeiten dieses Leitfadens ist es letztlich entscheidend, daß Sie, ausgehend von Ihrem persönlichen Bedarf, die vermittelten Anregungen und Techniken in Ihre Alltagspraxis umsetzen.

Damit Sie in umfassender Weise profitieren, sind eine Reihe didaktischer Hilfen vorgesehen. Dazu gehören:

- die Strukturierung des Ganzen in bausteinähnlicher Form, was Ihnen den Überblick und das rasche Auffinden geeigneter Empfehlungen erleichtert,
- Instruktionen für Anwendungspläne (= Transferpläne, in denen Sie verbindlich festlegen, was Sie wie und wo anwenden wollen),
- Abbildungen und Schaubilder, die Ihnen die Aufnahme und das Behalten der Ausführungen erleichtern,
- das Stichwortverzeichnis, das den raschen Zugriff auf ein gewünschtes Thema sicherstellt,
- Hinweise auf weiterführende Literatur. Bei der Auswahl standen die Gesichtspunkte „Aktualität", „Praxisbezug" und „Lesbarkeit" im Vordergrund.

„Reden lernt man nur durch Reden."
M.T. Cicero

Grundlegende Begriffe

Die Erarbeitung und Anwendung konkreter Argumentationstechniken fällt leichter, wenn Sie die (notwendigen) Fachbegriffe kennen und die wesentlichen Aspekte im Blick haben, die an zwischenmenschlicher Kommunikation beteiligt sind.

Fragen wir uns zunächst, was „Überzeugen“ bedeutet. Im Alltag geht es darum, einen oder mehrere Gesprächspartner zur inneren Annahme Ihrer Ideen, Ihrer Vorstellungen oder Ihres Standpunktes zu bewegen. Und zwar durch eine zielgerichtete, sachlich fundierte und psychologisch geschickte Argumentation, aber auch durch ein sicheres Auftreten.

Hieraus folgt die Frage, wie Sie günstige Voraussetzungen für Ihre Überzeugungsarbeit schaffen können.

Dialektik

Wichtige Erkenntnisse finden Sie in der „Dialektik“. Diese Disziplin beschäftigt sich systematisch mit der Frage, wie man andere mit dem Mittel der Argumentation überzeugt. In der Jesuiten-Schulung gliedert sich die „ars dialectica“ in zwei Bereiche: die Frieddialektik und die Kampfdialektik.

Frieddialektik

Frieddialektik ist die Kunst, den anderen zu überzeugen und nicht zu besiegen. Es geht um die Frage, wie man gute, d.h. für beide Seiten produktive, Gespräche und Diskussionen führen kann. Diese Form des Miteinanders ist durch beiderseitige Fairness, durch Sachlichkeit und Partnerschaft gekennzeichnet.

Dazu muß man

- dem anderen Wertschätzung entgegenbringen,
- zuhören und verstehen wollen, was der andere sagt,
- ein Sympathiefeld schaffen,
- den anderen nicht erdrücken und emotional einengen,
- ausreden lassen,
- persönliche Bedürfnisse wie Prestige und Anerkennung zurückstellen.

Im Vordergrund stehen das Sachziel und ein gleichberechtigter Gesprächspartner.

Wir können uns den Kerngedanken so verdeutlichen, daß ein *Gleichgewicht in der Gesprächsführung* gegeben ist. Alle Beteiligten gehen aufeinander zu, versuchen, im Dialog Sachprobleme zu lösen und betrachten den anderen als Partner.

Die Erfahrungen im betrieblichen und privaten Alltag zeigen nun, daß über die Befähigung zum guten Gespräch, zum Zuhören und zur Partnerschaft zwar oft gesprochen wird. Nur fällt es vielen leichter, von der Tugend zu reden, als die Tugend selbst zu beherzigen.

Die eingangs angeführten Beispiele machen deutlich, daß auch unfaire Taktiken, Tricks und Winkelzüge zur täglichen Argumentation gehören. Vor diesem Hintergrund gewinnt der zweite Teilbereich der Dialektik an Bedeutung: die Kampfdialektik.

Kampfdialektik

Hierbei geht es vor allem um die Kunst, in der Argumentation zu siegen, recht zu behalten, seine Meinung durchzusetzen. Dies umfaßt auch die Frage, wie ich mit unfairen, wie mit schwierigen Gesprächspartnern umgehe, wie ich das Gesetz des Handelns auf der eigenen Seite behalten kann, wie ich unter Streß argumentiere.

Zu den Schulungsschwerpunkten der Kampfdialektik gehören auch die Angriffs- und Abwehrmethoden. Wir behandeln die unfairen Tricks und Winkelzüge nicht, um sie selbst anzuwenden, sondern um sie bei anderen früh erkennen und rechtzeitig abwehren zu können.

Während es bei der Frieddialektik nur Sieger gibt – für ein gutes Gespräch gibt es das Sieg-Sieg-Modell – geht es in der Kampfdialektik darum zu gewinnen, die Oberhand zu behalten, Wissenslücken und Schwachstellen beim anderen konsequent aufzuzeigen.

Zwei weitere Begriffe sollten Sie kennen, wenn Sie daran interessiert sind, Ihre Überzeugungskraft zu verbessern:

Rhetorik

Der Brockhaus definiert diese Diziplin als die *Kunst gut zu reden*. In der klassischen Rhetorik-Schulung geht es um die Fähigkeit, vor einer Gruppe überzeugend und sicher zu sprechen.

Schulungsschwerpunkte sind etwa: die Vorbereitung eines Vortrags – sachlich und persönlich; der Einsatz der Sprechtechnik und der Körpersprache, aber auch psychologischer und dramaturgischer Mittel, um die Aufmerksamkeit und das Interesse der Zuhörer zu gewinnen.

Rhetorisches Rüstzeug ist zum Beispiel bei Vorträgen, Präsentationen oder Gesellschaftsreden gefragt. Allerdings hat auch jede Argumentation einen rhetorischen Aspekt. Was nutzt die beste Fachkompetenz, wenn es an der Sprechtechnik und Präsentation mangelt.

Und „last not least" hängt die Wirkung Ihrer Argumentation auch von Ihrer Körpersprache ab. Zuständig für diese Fragen ist die Kinesik.

Kinesik

Sie ist eine angewandte Ausdruckspsychologie und beschäftigt sich mit Beschreibung und Erklärung körpersprachlicher Signale. Die Kinesik hat für unser Thema eine doppelte Bedeutung: Einmal für Sie als Sprecher. Was können Sie tun, um sicher zu erscheinen? Was ist im Hinblick auf Stand, Haltung, Gestik und Mimik zu bedenken, wenn Sie in ein Gespräch oder in eine Diskussion gehen, wenn Sie eine „Bühne betreten"?

Zum anderen hilft Ihnen die Lehre von der Körpersprache zu erkennen, ob Ihre Gesprächspartner oder Zuhörer Offenheit, Interesse und Zuwendung oder Widerstand und Bedenken signalisieren.

Ein Kommunikationsmodell als Rahmen

Werfen wir nun einen Blick auf die wesentlichen Aspekte, die immer zu unterscheiden sind, wenn Sie versuchen, andere zu überzeugen. Das hier erläuterte Kommunikationsmodell wird uns später gute Dienste tun, wenn es darum geht, ein Gespräch oder eine Diskussion vorzubereiten oder das Verhalten Ihres Gegenübers einzuschätzen.

Denn ob Sie ein Gespräch führen, einen Kurzvortrag halten oder an einer Diskussion teilnehmen, immer hinterlassen Sie bei Ihrem Gegenüber einen mehr oder weniger nachhaltigen Eindruck. Dieser kann farb- und konturlos sein. Man wird „vergessen". Oder es gelingt, eine positive Visitenkarte abzugeben, sich selbst gut darzustellen und gewinnend und sicher zu erscheinen.

Die Qualität des Eindrucks hängt davon ab, was Sie auf den drei Ebenen tun: auf der Sachebene, der Beziehungsebene und der Persönlichkeitsebene.

(1) Sach-Ebene

Hier geht es um die Inhalte, die Themen der Argumentation: Welche Argumente haben Sie, hat Ihr Gegenüber? Welche Behauptungen werden aufgestellt? Werden die Behauptungen bewiesen? Wie geschieht das, durch welche Fakten, Erfahrungen, Zahlen usw.?

Dies ist der rationale, sachliche oder logische Aspekt der Argumentation. Entscheidend sind hier neben dem verfügbaren Fach- und Allgemeinwissen die Fähigkeit, die eigene Position überzeugend darzustellen und gegen Kritik zu verteidigen sowie das Vermögen, Schwachstellen beim Gegenüber zu entdecken, durch geschicktes Fragen zu führen und mit schwierigen Einwänden und mit überraschenden Gegenargumenten gekonnt umzugehen.

Mit einem Wort: Die Sach-Ebene beinhaltet alles, was auf der „Kopf-Kopf-Ebene" während der Argumentation läuft.

Ob und in welchem Maße Sie als überzeugend wahrgenommen werden, hängt maßgeblich von der inhaltlichen Substanz Ihrer Argumentation ab und der Art und Weise, wie Sie diese Inhalte „verkaufen". Unterschätzen Sie in diesem Zusammenhang nicht die Wirkung rhetorischer Mittel, wozu insbesondere eine lebendige, fesselnde Sprechtechnik und eine sichere, engagierte Körpersprache (=Kinesik) gehören. Später dazu mehr.

Wann immer die Zeit bleibt, sollten Sie sich daher sorgfältig vorbereiten: *inhaltlich wie auch rhetorisch*.

Hierzu ein einprägsamer Sinnspruch:

> *„Suche redlich die Wahrheit im stillen, bevor Du den Marktplatz betrittst und redest! Du weißt, daß Du kein Wort zurückholst?"*

Kommunikationsmodell

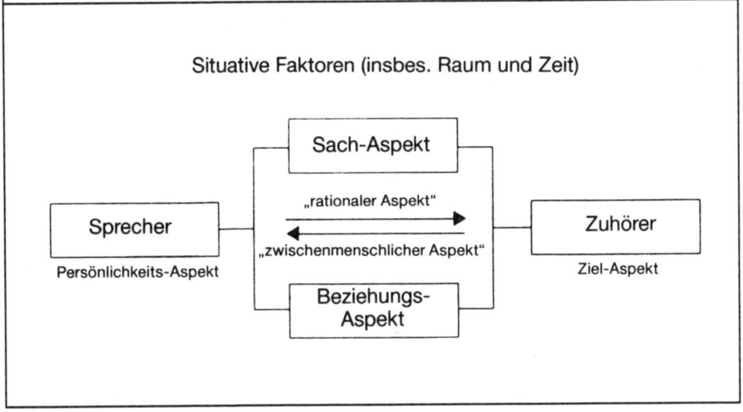

Abb. 2

(2) Beziehungs-Ebene

Immer, wenn Sie mit jemandem diskutieren, besteht ein Mensch-zu-Mensch-Verhältnis. Diese emotionale Beziehung kann positiv, neutral oder negativ sein.

Wer überzeugen will, muß sich Gedanken machen, wie er als Mensch wahrgenommen wird und ob es gelingt, ein förderliches Klima aufzubauen.

Was Sie auf der Beziehungs-Ebene tun, ist zum Beispiel entscheidend dafür,

- ob der Gesprächspartner Sie als sympathisch oder unsympathisch empfindet,
- ob Ihr Gesprächspartner die Atmosphäre als angenehm-warm oder kühl-distanziert wahrnimmt,
- ob Sie Ihren Gesprächspartner überzeugen oder nicht.

Beachten Sie immer:

In einem unterkühlten psychologischen Klima (Antipathiefeld) kann man nicht überzeugen.

> *Überzeugen gelingt nur, wenn Sie den Gesprächspartner öffnen, wenn Sie Vertrauen zum Gegenüber aufbauen, wenn Wertschätzung das Miteinander bestimmt. Störungen im Zwischenmenschlichen machen es unmöglich, beim anderen ein inneres „Ja“ zu erreichen.*

Unredliche Techniken und Tricks haben häufig zum Ziel, Sie auf der emotionalen Ebene zu treffen und dadurch von schwachen Sachargumenten abzulenken. Lassen Sie sich unter keinen Umständen provozieren und die Emotionen vom Gegenüber aufdrängen. Einzelheiten hierzu im Kapitel „Unfaire Taktiken abwehren“.

Ob Sympathie oder Antipathie, ob faire oder unfaire Verhaltensweisen den Umgang miteinander bestimmen, ob die Bereitschaft zum Konsens und Kompromiß da ist oder nicht, zeigt sich vor allem in der Körpersprache. Beachten Sie, daß die emotionale Komponente in der Regel eine weitaus größere Bedeutung für den Gesprächserfolg hat als die Sachargumentation.

(3) Persönlichkeitsaspekt

Wenn Sie sprechen und argumentieren, machen Sie immer auch Öffentlichkeitsarbeit in eigener Sache. Man kann sich nicht nicht verhalten. Immer gibt man eine Kostprobe seiner Persönlichkeit: durch den ersten Blickkontakt, die Art des Auftretens, durch die

Optik, durch das Maß an Seriosität und Glaubwürdigkeit, Sicherheit und Begeisterung.

(4) Zuhörer

Es kommt Ihnen zugute, wenn Sie möglichst vorher Informationen über den Gesprächspartner in Erfahrung bringen können und bei der Argumentation berücksichtigen. Sorgfältige und gründliche Vorüberlegungen erleichtern es Ihnen, Gegenargumente und Einwände rasch einordnen, prüfen und ggf. zurückweisen zu können. Und natürlich schafft eine gewissenhafte Vorbereitung mehr innere Sicherheit in schwierigen Situationen.

Fragen Sie sich,

- welche Interessen Ihr Gesprächspartner verfolgt, was seine Zielsetzung ist, woran er beruflich gemessen wird
- welche Argumente und Vorstellungen für ihn wichtig sind
- welche Einwände wahrscheinlich kommen werden
- ob und ggf. welche Widerstände zu erwarten sind
- welche emotionale Einstellung er Ihnen gegenüber besitzt
- welche Interessen, Hobbys und Steckenpferde er hat.

Die Zuhöreranalyse gilt nicht nur für die Vorbereitung, sondern natürlich auch für die Argumentation selbst. Achten Sie entsprechend unserem Modell auf das, *was* er sagt (Sach-Ebene), und *wie* er es sagt (Beziehungs-Ebene). Nutzen Sie auch die Informationen, die er durch Körpersprache gibt.

(5) Zielsetzung

Hier ist zu überlegen, ob sich das Argumentieren überhaupt lohnt und wenn ja, was Sie beim Zuhörer bewirken, welchen Eindruck Sie bei ihm hinterlassen wollen.

Persönliche Argumentationsziele sind etwa:

- Den eigenen Standpunkt überzeugend „verkaufen“
- Problembewußtsein beim Gegenüber schaffen
- Gegenargumente und Einwände beantworten
- Einen Verbesserungsvorschlag durchsetzen
- Den Gesprächspartner fair zurückweisen
- Den Standpunkt des Gegenübers durch Fragetechnik genau kennenzulernen
- Sich sicher, kompetent, sympathisch und fair darstellen.

„Wenn Du etwas bewunderst oder beobachtest, wie andere etwas bewundern, prüfe es gründlich, und vergewissere Dich, was die Bewunderung auslöst im Reden, im Schreiben, im Gebaren oder in den Manieren.
Allein die Kenntnis dieses Prinzips befähigt Dich, die Sache richtig nachzuahmen“.

William Gerald Hamilton

Baustein 1: Selbstvertrauen

Techniken und Regeln zum wirkungsvollen Auftreten und zur Argumentation sind nutzlos, wenn Sie nicht den Mut haben, sich zu Wort zu melden. Voraussetzung hierfür ist ein Mindestmaß an innerer Sicherheit, mentaler Stärke und Selbstvertrauen. Sicher erscheinen ist das eine – sich sicher fühlen das andere.

In meinen Rhetorik-Seminaren wird immer wieder gefragt:

- „Was kann ich tun, um Redehemmungen und Lampenfieber abzubauen?"
- „Wie kann ich meine Ängste überwinden, das Wort zu ergreifen...?"
- „Ich fühle mich gehemmt und traue mich nicht, das Wort zu ergreifen, wenn die Gesprächspartner dominant auftreten und rhetorisch besser geschult sind... Was kann ich tun?"
- „Ich habe Angst, belächelt zu werden und als nicht fachkundig zu erscheinen..."
- „Ich habe Angst, den Faden zu verlieren und nicht flüssig genug zu sprechen..."
- „Immer wenn ich mehreren Menschen in die Augen blicke, werde ich sehr nervös und kann mich nicht mehr konzentrieren... Was soll ich tun?"

Sie sind also nicht die einzige, die Redeängste und Lampenfieber hat.

Selbst die großen Redner und Persönlichkeiten des öffentlichen Lebens, die als rhetorisch brillant gelten, bestätigen fast durchweg, daß sie ihre ersten Vorträge und Reden als extreme Streßsituationen erlebt hätten. Mit den gleichen psychischen und körperlichen Reaktionen, die jeder von uns kennt: feuchte Hände, ein Zittern in der Stimme, starke innere Unruhe, ein „flaues Gefühl" im Magen, trockene Atemwege (Kloß im Hals).

Wie gehen Sie persönlich mit Redehemmungen um? Wie schätzen Sie Ihre innere Sicherheit ein? Haben Sie Selbstvertrauen?

Selbstvertrauen entwickeln
1. Sagen Sie ja zu Ihrer Person 2. Entwickeln Sie mentale Stärke 3. Akzeptieren Sie die innere Unruhe 4. Keine Rede-Kunst ohne Übung 5. Bereiten Sie sich sorgfältig vor 6. Entspannen Sie sich 7. Sicher auftreten 8. Jeder darf Fehler machen 9. Die Wichtigkeit relativieren

Abb. 3

„Das Reden in der Öffentlichkeit kann eigentlich nicht gelehrt werden. Meinen Sie etwa, ich könne einem Jungen, den ich fünfzig Stunden unterrichtet habe, beibringen, wie man schwimmt? Er muß es sich selbst beibringen. Alles, was ich tun kann, ist, ihn ins Wasser zu führen und zu versuchen, ihm Selbstvertrauen zu geben.

Lernen, wie man vor einem Publikum spricht, ist genau wie das Schwimmenlernen. Der beste Lehrer für beides ist die Praxis, und das größte Hindernis für beide ist die Angst.“

Dale Carnegie

Was sind erfolgsversprechende Wege, um die innere Sicherheit zu fördern und Lampenfieber zu beherrschen?

Sagen Sie ja zu Ihrer Person

Entwickeln Sie eine positive Meinung von sich selbst. Akzeptieren Sie zunächst Ihre Stärken und Ihre Schwächen, und versuchen Sie dann schrittweise, die eigenen Stärken auszubauen und die Schwachstellen zu überwinden. Wenn Sie sich selbst nicht akzeptieren, können Sie nicht erwarten, daß andere dies tun! Die Psychologin Vera Birkenbihl hat recht, sie sagt: „Nur ein Mensch, der Selbstvertrauen hat, kann das Vertrauen anderer erwerben". Schreiben Sie auf, was Ihre persönlichen Stärken sind, worauf Sie bauen können, wenn Sie sprechen, argumentieren, diskutieren.

Halten Sie sich nicht immer nur Ihre Minuspunkte vor Augen und das, was schiefgehen kann.

Es gibt so etwas wie eine sich selbst erfüllende Prophezeihung: Wer sein Gehirn nur mit dem beschäftigt, was alles schief gehen kann, dem passiert es schließlich auch. Daher der Rat, an das Gelingen zu glauben und durch inneres positives Sprechen zu verstärken. Mögliche Redewendungen sind: „Ich werde eine gute Rede halten..."; „Ich verlasse mich auf mein Gedächtnis."; „Ich kann's."; „Ich schaffe es."; „Ich vertraue auf meine Kraft.". Im positiven Denken gibt es die Erkenntnis, daß alles Handeln mit Gedanken und Ideen beginnt. Legen Sie sich daher einige Botschaften zurecht, die zu einer positiven Ausstrahlung beitragen und die Sie sich regelmäßig und besonders vor einem Vortrag innerlich vorsagen sollten. Sie werden sehen, es beeinflußt Ihre Einstellung und führt zu einer positiven Resonanz im Publikum. Dorothy Sarnoff, PR- und Medienberaterin des amerikanischen Außenministeriums, rät dazu, sich vier Sätze vorzusagen:

> *Ich freue mich, hier zu sein.*
> *Ich freue mich, daß Sie hier sind.*
> *Ich bin ganz für Sie da.*
> *Ich weiß, wovon ich spreche.*

Die ersten beiden Sätze sollen das Gefühl von Freude und Gelöstheit übermitteln. Der Satz „Ich bin ganz für Sie da“ steht für Ihre Anteilnahme an den Fragen und Problemen, an der Welt Ihres Gegenübers. Er bedeutet – so Dorothy Sarnoff – „ich denke an Sie“ und kann Ihrem Gesicht und Ihren Augen den „lebhaften Ausdruck (verleihen), der Ihre Sympathie für das Publikum übermittelt“.

Der Vorsatz „Ich weiß, wovon ich spreche“ vermittelt das Gefühl von Autorität. Wichtig hierfür ist natürlich die sorgfältige Vorbereitung. Dies gibt Ihnen zusätzlich Sicherheit und Selbstvertrauen.

Diese vier Formeln sagen Sie möglichst oft still vor sich hin.

Entwickeln Sie mentale Stärke

Im Hochleistungssport gehört das Mentaltraining zu den wichtigen Erfolgsfaktoren. Dabei denken Sie in Bildern statt in Worten. Jeder hat die Fähigkeit, mit Hilfe der eigenen Vorstellungskraft bei geschlossenen Augen Bilder und anschauliche Situationen zu erzeugen.

Versuchen Sie es einmal: Schließen Sie die Augen, und erinnern Sie sich an eine Situation, in der es Ihnen Spaß gemacht hat zu sprechen und zu argumentieren. Wo war das? Mit wem war das? Wie haben Sie sich dabei gefühlt?

Rufen Sie sich eine zweite Situation zurück ins Gedächtnis, als Sie eine gute rhetorische Leistung erbracht haben oder mit einem Gesprächspartner sehr zufrieden gewesen sind.

Ihre Visualisierung sollte drei Bereiche abdecken:

(1) *Das optische Erinnerungsbild*
Lassen Sie vor ihrem geistigen Auge ein Bild davon entstehen, wie Sie aussehen, wenn Sie mit Erfolg – sicher und gelassen – sprechen und argumentieren. Denken Sie auch an die Körperhaltung. Sie erscheinen sicher und überzeugend.

(2) *Auditives Erinnerungsbild*
Versuchen Sie Ihre Stimme und die Art und Weise des Argumentierens ins Gedächtnis zu rufen.

(3) *Kinästhetisches Erinnerungsbild*
Hierbei geht es darum, möglichst klar alle körperlichen Empfindungen wachzurufen, die Sie spüren, wenn Sie sicher auftreten und Sie sich freuen, wenn Sie mit anderen diskutieren oder zu anderen sprechen. Stellen Sie sich vor, wie Sie sich fühlen, wenn Sie selbstsicher auftreten und hinter einer Sache stehen.

Es ist Ihnen hoffentlich gelungen, sich Bilder aus Ihrer persönlichen Vergangenheit (z.B. ein erfolgreiches Bewerbungsgespräch) ins Gedächtnis zu rufen.

Die besonderen Chancen des Mentaltrainings liegen in der Möglichkeit, *zukünftige Situationen innerlich durchzuspielen und* innere Sicherheit und Selbstvertrauen zu entwickeln.

Wichtig ist hierbei: Entspannen Sie sich vorher (z.B. durch ruhiges Atmen im Liegen; durch autogenes Training; durch Musik). Sodann versuchen Sie, jene innere Verfassung zu erreichen und aufrechtzuerhalten, die Ihrem Wunsch entspricht: Selbstsicherheit; Gelassenheit; Freude und Spaß beim Sprechen. Wichtig:

Trainieren Sie regelmäßig ein- oder zweimal täglich etwa 10 bis 15 Minuten. Steter Tropfen höhlt den Stein. Vertrauen Sie darauf, daß Sie auf Ihrem inneren Weg weiterkommen, wenn Sie regelmäßig trainieren. Sie können später weitergehen und schwierige Gespräche oder bestimmte Argumentations- und Einwandtechniken ebenfalls mental trainieren. Die Erfahrung zeigt, daß Sie Ihre beste rhetorische Leistung weitaus eher erreichen, wenn Sie sich auf diese Weise innerlich vorbereitet haben.

„Visualisieren ist nichts anderes, als das systematische Trainieren, starke positive geistige Bilder in sich hervorzubringen und zu verstärken. Man kann es auch ‚Programmieren von positiven Vorstellungsbildern' nennen." James E. Loehr weist auf ein interessantes Modell in diesem Zusammenhang hin: Unser Gehirn ist (möglicherweise) unfähig, zu unterscheiden zwischen dem, was wirklich geschehen ist und dem, was Sie sich intensiv vorgestellt (mental trainiert) haben. Wenn Sie sich etwas genau vorstellen, dann denkt unser Gehirn, Sie hätten genauso gehandelt. Wenn Sie ein klares und lebhaftes Bild davon haben, wie Sie morgen Ihren Vortrag selbstsicher und überzeugend halten, wenn Sie sich selbst sehen, wie Sie Freude, Einfühlungsvermögen und Autorität zeigen und gelassen und entspannt bleiben usw., ist es für Ihr Gehirn bereits geschehen. Sie können also ein erwünschtes Verhalten in Ihr Zentralnervensystem einprogrammieren.

Dieses Denken in Bildern ist eine Anwendung Ihrer Phantasie! Sie sehen mit Ihrem geistigen Auge.

Wenn Sie auf eine Argumentation mental vorbereitet sind, werden Sie auf Einwände und Angriffe rasch und richtig reagieren können. Die Verhaltensweisen, die Ihnen helfen, mit schwierigen Situationen besser zurechtzukommen, behandeln wir in den nächsten Bausteinen. Mentales Training entfaltet die stärkste Wirkung, wenn Sie

- sich an einem ruhigen Ort befinden und Störungen fernhalten,
- sich vorher körperlich und geistig entspannen,
- Bilder erzeugen, die mit einem konkreten Ort (an dem Sie vortragen, argumentieren...) zu tun haben,
- in Farbe visualisieren,
- in allen möglichen Einzelheiten – optisch, akustisch und gefühlsmäßig – visualisieren,
- sich alle Sinne zunutze machen: Sehen, Hören, Tasten, Fühlen und Riechen,
- möglichst oft und regelmäßig üben.

Erzeugen Sie Ihre persönliche Vision:
Schaffen Sie das überzeugendste geistige Bild von sich selbst, zu dem Sie überhaupt fähig sind. So und so möchten Sie in Ihrer „besten Stunde" auftreten und argumentieren.

Halten Sie Ihr rhetorisches Leitbild fest und definieren Sie kleine Lernschritte, um sich diesem Bild anzunähern.

Im letzten Kapitel mehr zu der Frage, wie Sie systematisch vorgehen, um neue Gewohnheiten aufbauen können.

Akzeptieren Sie die innere Unruhe

Lampenfieber ist eine natürliche Orientierungs- und Alarmreaktion unseres Organismus. Warum? Es ist – in bestimmten Grenzen – durchaus erwünscht, um die notwendige Energie und Leistungsbereitschaft zu aktivieren. Das weiß jeder Leistungssportler, jeder Schauspieler vor einer Premiere, jeder Moderator vor einer „Live-Sendung“ im Fernsehen, jeder Redner vor einer wichtigen Debatte.

Nur wer innerlich „aufgeladen“ ist, besitzt die entsprechende Dynamik und das Durchstehvermögen für eine überzeugende Argumentation.

Keine Kunst ohne Übung

Die Lampenfieberkurve sinkt mit steigender Rede- und Übungspraxis. „Tue das, was Du fürchtest, und die Furcht stirbt einen sicheren Tod“ heißt es bei Norman Vincent Peale. Schaffen Sie sich im Alltag Erfolgserlebnisse, indem Sie aktiv nach Gelegenheiten suchen, auch schwierige Gespräche zu führen und an Besprechungen und Diskussionen teilzunehmen.

Bei *Dale Carnegie* findet sich die Empfehlung:

> *„Handeln besiegt Angst.*
> *Akzeptiere nie Ausreden vor Dir selbst.*
> *Glaube daran, daß Du Erfolg haben kannst,*
> *und Du wirst Erfolg haben.*
> *Setze Dir täglich und monatlich Ziele,*
> *schreibe sie auf, und programmiere*
> *Dein Unterbewußtsein, sie zu erreichen,*
> *indem Du Dich mit Bildern von Ihnen umgibst.*
> *Hartnäckigkeit gewinnt, wo das Talent nur zuschaut.*
> *Glück liegt nur im Handeln.“*

Ein Plädoyer für die Aktivität findet sich auch bei *Lee Iacocca*. Er schreibt in seinem Werk „Eine amerikanische Karriere“:

„Die Leute sagen mir: Sie sind Beispiel eines schlagenden Erfolgs. Wie ist Ihnen das gelungen? Ich kehre zu dem zurück, was meine Eltern mir beigebracht haben. Streng dich an. Versuche, soviel Ausbildung wie möglich zu bekommen, und dann, um Himmels willen, **tu etwas**! *Steh nicht herum, werde zum Teil des Geschehens. Es ist nicht einfach, aber wenn Sie hart arbeiten und sich richtig ins Zeug legen, werden Sie staunen, wie weit Sie in einer freien Gesellschaft kommen können, wenn Sie wollen. Und natürlich sollten Sie für die Segnungen dankbar sein, die Gott Ihnen zuteil werden ließ."*

Besuchen Sie einmal im Jahr ein Rhetorik- oder Dialektikseminar, um unter pädagogischer Anleitung Unsicherheiten zu überwinden, das Know-how kennenzulernen und mit Gleichgesinnten die eigenen Stärken weiterzuentwickeln und Schwächen zu verringern (Ansprechpartner auf Seite 197).

Lassen Sie sich einige Nutzenargumente durch den Kopf gehen, um Ihren Vorgesetzten vom Wert eines geeigneten Seminars zu überzeugen.

Bereiten Sie sich sorgfältig vor

Eine gute sachliche und persönliche Vorbereitung kommt Ihrer inneren Sicherheit zugute. Nutzen Sie die Anleitungen, die der Baustein 4 hierzu bietet. Prägen Sie sich Ihre Hauptargumente gut ein, und bedenken Sie früh mögliche Einwände und geeignete Reaktionsmöglichkeiten darauf.

Üben Sie die Situation vor dem Spiegel, vor Freunden oder vor einer Video-Kamera. Lernen Sie aus der Rückmeldung der anderen.

Rhetorik beginnt bei den täglichen Lesegewohnheiten. Wenn Sie täglich eine gute halbe Stunde für das (selektive) Lesen einer guten Zeitung und der einschlägigen Fachzeitschriften (z.B. Sekretariat) investieren, haben Sie einen unschätzbaren Vorteil gerade bei der Diskussion berufsübergreifender, aber auch berufsspezifischer Themen. Nutzen Sie auch die Chancen, die von Gesprächen und fachbezogenen Seminaren ausgehen, um dazuzulernen und Ihre Allgemeinbildung zu fördern.

Entspannen Sie sich

Wenn Sie zu extremen Redehemmungen neigen, helfen oft Entspannungs- und Konzentrationsübungen wie autogenes Training, Meditation und Yoga bis hin zur bewußten Entspannung in der freien Natur. Vergessen Sie nicht das tiefe Durchatmen unmittelbar vor einem wichtigen Gespräch.

Sicher auftreten

Es hilft, Redehemmungen zu überwinden, wenn Sie wissen: Ich erscheine sicher. Achten Sie hierbei vor allem darauf, Blickkontakt zu halten, in Ruhe mit den Augen zu führen, Gestik im positiven Bereich (siehe Seite 53) einzusetzen und auch durch eine gewinnend-positive Mimik Atmosphäre aufzubauen. Unsere Überlegungen zur Körpersprache und zur Rhetorik weisen hier den Weg.

Jeder braucht seine Aufwärmphase. Das Warmsprechen fällt leichter, wenn Ihre Augen bei einem Zuhörer verweilen, der Sie freundlich und zustimmend anschaut. Vielleicht gelingt es Ihnen in den ersten Sekunden beim Gegenüber durch Fragen, eine Anekdote oder eine humorvolle Bemerkung, Gefühle zu wekken. Ein Schmunzeln oder Lächeln schafft Atmosphäre und gibt

Sicherheit. Bedenken Sie, daß der erste Eindruck fast immer der bleibende ist.

Jeder darf Fehler machen

Vergegenwärtigen Sie sich, daß Ihre Gesprächspartner ebenfalls nur Menschen sind und kleine Schwächen verzeihen. Perfektionismus ist nicht gefragt. Im Gegenteil. Alles, was zu glatt, zu stromlinienförmig wirkt, führt eher zu Ablehnung. Wenn Ihnen einmal der Faden reißt, wenn Schwierigkeiten auftreten, ist Lächeln und Humor allemal die bessere Überlebensstrategie als Verbissenheit und übertriebener Perfektionismus. Bedenken Sie auch, daß eine Rede keine Schreibe ist. Sie müssen nicht jeden Satz ausformulieren. Wichtig ist, daß Sie hinter dem stehen, was Sie sagen, und daß Sie kompetent wirken.

Sprechen Sie über Dinge, die Sie kennen, die Ihrer Lebenserfahrung entspringen und die Ihnen am Herzen liegen.

Bei *Verlegenheitspausen* helfen die folgenden Tips weiter:

- Beginnen Sie den letzten Gedanken noch einmal (kein Zuhörer kennt Ihr Stichwortkonzept).
- Gehen Sie einfach zum nächsten Stichwort über.
- Spielen Sie Ihrem Gegenüber oder einem anderen Zuhörer den Ball zu: „Mich interessiert, was Ihre Erfahrungen hierzu sind…“; „Ich komme auf diesen Punkt später noch zurück…“.
- Fassen Sie die Quintessenz des bisher Gesagten zusammen.
- Wenn Ihnen das rechte Wort nicht einfällt: „Lassen Sie mich besser formulieren…“; „Anders ausgedrückt.“
- Zeit gewinnen: „Haben Sie Fragen zum bisher Gesagten?“ „Darf ich noch einmal auf das Thema … zurückkommen?“

Die Wichtigkeit relativieren

Einen weiteren Hinweis haben wir Coué, einem französischen Apotheker und Psychologen zu verdanken. Er empfiehlt zweierlei:

a) Erinnere Dich an eigene Erfolgserlebnisse; beschäftige Dein Gehirn mit positiven Gedanken, die auf Erfolg und nicht auf Mißerfolg ausgerichtet sind.
b) Relativiere die Wichtigkeit der Aufgabe. Vielleicht hilft vor einer großen Herausforderung der Gedanke: „Gemessen an den großen Themen der Gegenwart – „Ozon-Loch“, „Nord-Süd-Konflikt“, „Overkill“ usw. – verändert mein Diskussionsbeitrag oder mein Kurzvortrag das Ganze auch nicht wesentlich. In jedem Fall werde ich mein Bestes geben...“

Abschließend noch einmal der Hinweis, daß ein gewisses Maß an Lampenfieber durchaus nützlich ist, um das Beste geben zu können. Wer „cool“ und unbewegt spricht, wird auch andere nicht bewegen und mitreißen können. Akzeptieren Sie daher ein gewisses Maß an innerer Anspannung. Sie haben so die Gewißheit, daß Sie sich anstrengen, wenn Sie das Wort haben.

Nicht vergessen

- Ja sagen zu sich selbst
- Gute Vorbereitung
- Mentale Stärke trainieren
- Übung macht den Meister
- Sich treu bleiben
- Sich Fehler erlauben und aus ihnen lernen

– Baustein 2: Faktoren menschlicher Überzeugungskraft

Zum Einstieg zwei Aufgaben:

- Notieren Sie Persönlichkeiten, die überzeugend auftreten und die ein hohes Maß an Ausstrahlung und rhetorischer Brillanz haben. Wer fällt Ihnen ein
  - aus Ihrer beruflichen Umgebung,
  - aus Ihrem Bekannten- und Freundeskreis,
  - aus dem Bereich der hohen Politik und der Wirtschaft,
  - aus Fernsehen und Rundfunk (Moderation, Präsentation, Diskussion)?
- Begründen Sie mit einigen Stichworten, warum Ihre Wahl ausgerechnet auf diese und nicht andere Personen gefallen ist.

Sehen wir uns nun die Faktoren genauer an, die in Seminaren und in den einschlägigen Untersuchungen am häufigsten genannt werden, wenn man nach den Quellen menschlicher Überzeugungskraft fragt:

Faktoren menschlicher Überzeugungskraft
• Äußeres Erscheinungsbild • Fachkompetenz • Verständlichkeit • Begeisterung und Überzeugung von sich • Rhetorische Präsentation • Einfühlungsvermögen und Argumentationsgeschick • Sympathiewert • Vertrauen und Glaubwürdigkeit

Abb. 4

Äußeres Erscheinungsbild

Tritt ein fremder Mensch zur Tür herein, so machen wir uns rasch ein Bild von ihm. Für die Schnelltaxierung sind die ersten Sekunden in der Regel entscheidend. Wichtige Wirkfaktoren sind hierbei

- die äußere Erscheinung und Kleidung (gepflegt, ungepflegt...),
- die Augen und der Gesichtsausdruck (positiv-freundlich, neutral, negativ),
- der Gang, die Körperhaltung und die Gesten (sicher, unsicher, engagiert, ängstlich...).

Wichtig: Vermeiden Sie alle Extreme. Stark von der Norm abweichende Reize haben häufig einen *„Vampireffekt“* bezüglich der

Aufmerksamkeit Ihres Gegenübers. So kann etwa extrem kostbarer Schmuck, eine Cartier-Uhr, ein sehr intensives Parfum, ein aufreizender Mini-Rock oder etwa eine zu mutige Frisur die Augen und das Gehirn Ihres Partners stärker beschäftigen als der Gesprächsinhalt. Dies gilt auch für extreme körpersprachliche Verhaltensweisen (zu viel Gestik; keine Gestik; fixierender Blick; kein Blickkontakt; gekrümmte oder sehr dominante Haltung). Was als „normal" empfunden wird, hängt natürlich von der Einstellung des Gegenübers ab. Ein Werbepsychologe wird in der Regel eine höhere Schmerzgrenze bei optischen Reizen haben als ein Banker.

Um einen positiven Ersteindruck sicherzustellen, tut man gut daran,

- sich treu zu bleiben und der eigenen Persönlichkeit und Individualität zu folgen,
- der Erwartungshaltung der Zuhörer/des Gesprächspartners Rechnung zu tragen.

Holen Sie sich offene und ehrliche Rückmeldung von anderen, um Sicherheit in Fragen des Typs, der Mode und des äußeren Erscheinungsbildes zu gewinnen.

Für den beruflichen Alltag empfiehlt Rosemarie Wrede-Grischkat in ihrem Buch „Manieren und Karriere",

- die Kleidung dezent und gepflegt zu wählen
- eher zu wenig als zu viel Schmuck zu tragen
- Extreme zu vermeiden z.B. Miniröcke, großes Décolleté, dramatisch enge Röcke oder Hosen, Spaghetti-Träger, aufreizende Kleidung,

– tagsüber nur Eau de Cologne (bzw. Eau de toilette) zu benutzen – das Parfum für den Abend zu reservieren
– überlange Fingernägel zu vermeiden
– dezentes Make-up bei Tageslicht zu verwenden; das „kleine“ Make-up für den Tag, so daß noch Steigerungsmöglichkeiten für den Abend bleiben.

Fachkompetenz

Es ist wichtig, fachkompetent zu wirken. Der Zuhörer muß den Eindruck haben, daß Sie von dem diskutierten Gebiet etwas verstehen. Sie profitieren immer von einer guten Vorbereitung. Wenn hierfür keine Zeit bleibt und Sie aus dem Stegreif argumentieren, kommt es darauf an,

– sich früh an der Diskussion zu beteiligen
– durch aktives Zuhören und Initiative aufzufallen
– alle Chancen zu nutzen, die die Situation bietet.

Hilfen hierzu bieten die Bausteine 4 und 11.

Verständlichkeit

Was nutzt das höchste Maß an Fachkompetenz, wenn die Zuhörer nicht verstehen, was Sie sagen.

> *„Wenn einer einen wirklich klaren*
> *Gedanken hat, kann er ihn auch darstellen.“*
> *Michel de Montaigne*

Es hilft dem Zuhörer, wenn Sie

– an bekannte Erfahrungen und vertraute Situationen anknüpfen,

- Fremdwörter auf ein Mindestmaß beschränken und erklären,
- langsam, knapp, klar und präzise sprechen,
- anschauliche Bilder und Beispiele aus der Welt der Zuhörer bringen („Ein Bild sagt mehr als 1000 Worte“),
- Pausen machen, damit der Zuhörer das nachdenken kann, was Sie vorgedacht haben,
- Gelegenheit zu Rückfragen geben,
- Mittel zur Veranschaulichung einsetzen.

In der Forschung unterscheidet man vier Dimensionen der Verständlichkeit:

- Einfachheit
- Gliederung und Ordnung
- Kürze und Prägnanz
- Zusätzliche Anregung

Begeisterung und Überzeugtsein von sich

Der Zuhörer muß spüren, daß Sie hinter dem stehen, was Sie sagen. Das ist ein wichtiges Kriterium für Ihre Glaubwürdigkeit. Keine Begeisterung ohne

- Gestik, Blickkontakt und gewinnende Mimik,
- ausdrucksstarke, lebendige Sprechtechnik,
- Emotionen und emotionale Bilder und Beispiele,
- Fragen und Aktivierung der Teilnehmer,

– erkennbaren Nutzen für die Zuhörer.
– Themen, die Ihnen am Herzen liegen.

„In Dir muß brennen, was Du
in anderen entzünden willst."
Augustinus

Rhetorische Präsentation

Das *Wie* des Sprechens und Argumentierens hat häufig eine größere Wirkung auf die Zuhörer als der dargebotene Inhalt. Baustein 3 stellt das rhetorische Instrumentarium im einzelnen dar.

Daß in Alltagsdiskussionen der formale Aspekt (Sprechtechnik, Auftreten, Körpersprache...) häufig nachhaltiger wirkt als der Inhalt, betonte *Quintilianus* vor etwa 2000 Jahren, als er sagte:

„Ich behaupte, daß eine mittelmäßige Rede
unter der Gewalt eines vollendeten Vortrags
mehr Eindruck macht als die vollendete,
bei der der Vortrag mangelt."

Einfühlungsvermögen und Argumentationsgeschick

Wir erleben es in der Regel als überzeugend und eindrucksvoll, wenn uns jemand seine ungeteilte Aufmerksamkeit schenkt und uns den festen Eindruck vermittelt, daß er uns verstehen will und Interesse an dem hat, was wir sagen. Zu den förderlichen Fähigkeiten und Einstellungen gehören

– das aktive Zuhören,
– eine partnerschaftliche Haltung (Fair play),
– Sachlichkeit und Ruhe.

Orientierungen zum besseren Zuhören bietet der Baustein 8.

Sympathiewert

Dieser Faktor hängt vor allem davon ab, welches Mensch-zu-Mensch-Verhältnis Sie in der Kommunikation aufbauen. In der Regel schaffen Sie günstige Voraussetzungen für eine sympathische Einschätzung, wenn Sie

- sich auf die „Wellenlänge“ des Gegenübers einstellen,
- positiv-freundlich auftreten,
- die Zuhörer persönlich ansprechen (Blickkontakt anbieten; Zuwendung zeigen; mit Namen anreden...),
- Wertschätzung (partnerschaftlicher Umgang; Zuhören; Fairplay) zeigen,
- eine entkrampfte Atmosphäre schaffen (z.B. durch Humor, Anekdoten und andere auflockernde Elemente, die Gefühle wecken),
- begeistert und verständlich sprechen,
- Ihre Ausführungen interessant und abwechslungsreich gestalten,
- Gemeinsamkeiten betonen,
- den Zuhörer bestätigen und aufwerten (z.B. durch Kopfnikken, Jasagen, Loben, Anlächeln); Vermeiden Sie jedoch stereotypes Nicken und Jasagen, weil dies Ihre Glaubwürdigkeit abbaut.

Was ein Lächeln wert ist

Ein Lächeln kostet nichts, es erzeugt aber viel!
Es bereichert jene, die es bekommen,
ohne denjenigen zu schaden, die es verschenken!

Die Erinnerung an ein Lächeln kann ewig bleiben!

Niemand ist so reich, daß er es nicht
doch noch gebrauchen könnte,
und niemand ist so arm, daß es ihm nicht
mehr helfen könnte!

Es läßt sich nicht kaufen – nicht leihen –
nicht stehlen – nicht erzwingen,
denn es hat erst seinen Wert
von dem Moment an, wo es geschenkt wird!
Wenn Du einem Menschen begegnest, der Dir das
Lächeln, das auch Du verdienst, nicht gibt,
dann sei großzügig – Schenk' ihm Deines!

Denn niemand braucht das Lächeln dringender als der,
der dem anderen keines geben kann!

Vertrauen und Glaubwürdigkeit

Neben den bisher genannten psychologischen Faktoren wirken sich für die Vertrauensbildung förderlich aus:

- Verbindlichkeit, Kontinuität und Konsequenz im Gesamtverhalten
- Seriosität,
- die Betonung gemeinsamer Interessen,
- ein äußeres Erscheinungsbild, das dem Zuhörer die Identifikation mit Ihnen erlaubt,
- ein offener, ruhiger Blick und ein Verhalten, das den anderen emotional nicht einengt,
- das Vermeiden von Imponiergehabe, Langatmigkeit, Anbiederung (kumpelhaftes Verhalten) sowie zu großer Perfektionismus.

Sie wirken glaubwürdiger, wenn Sie sich konzentriert zeigen, wenn Sie Ihr verbales Verhalten durch Körpersprache unterstützen und Begeisterung signalisieren. Ihre Glaubwürdigkeit gewinnt zudem, wenn Sie zweiseitig (mit Pro *und* Kontra; mit Chancen und Risiken) argumentieren, wenn Sie Fehler eingestehen können und sich als lernfähig angesichts gesellschaftlicher Veränderungen und neuer Forschungsergebnisse zeigen. Achten Sie auch darauf, die Beweismittel beim Argumentieren so zu wählen, daß sie im Hinblick auf die Welt des Zuhörers überzeugen.

Fassen wir diese Überlegungen zusammen, so können wir als allgemeine Leitidee festhalten, daß Ihre Überzeugungskraft nicht allein von den Inhalten der Argumentation abhängt, sondern von einer Reihe anderer Faktoren, die eher im emotionalen und psychologischen Bereich angesiedelt sind.

Nicht vergessen

- Nutzen Sie alle Faktoren menschlicher Überzeugungskraft
- Ihr Sympathiewert ist oft wichtiger als Fachkompetenz
- Trainieren Sie das Zuhören

Baustein 3: Selbstdarstellung und Rhetorik

Wer sich an Gesprächen und Diskussionen beteiligt, wirkt immer auch als Mensch, er gibt eine Kostprobe seiner Persönlichkeit. „Persönlichkeit" kommt vom lateinischen Wort „personare", d.h. durchtönen. Beim Sprechen und Argumentieren bringen Sie nicht nur einen sachlichen Inhalt, sondern Sie sagen (indirekt) auch etwas über Ihre Einstellung zu sich selbst und anderen. Ihre Art des Auftretens, Ihre Mimik und Gestik, Ihre Optik und Ihre Stimme geben immer auch Aufschluß über Ihre Glaubwürdigkeit, Ihre Sicherheit, Ihre Seriosität, kurz: über Ihre Persönlichkeit.

„Nicht das Argument, sondern die Person überzeugt."
F. Siegburg

Die *Lehre von der Körpersprache(=Kinesik)* geht davon aus, daß weit über 50 Prozent der Informationen über den Sprecher zumeist unbewußt – über die Körpersprache – vermittelt werden.

Abbildung 5 auf der nächsten Steite zeigt, welche körpersprachlichen Signale eher mit Sicherheit und welche eher mit Unsicherheit in Verbindung gebracht werden.

Die Regeln der Kinesik sollten nicht kritiklos zur Anwendung kommen. Machen Sie sich immer die einschränkenden Voraussetzungen bewußt:

- Jede äußere Gebärde ist prinzipiell mehrdeutig. Daher ist immer der gesamte Zusammenhang mit dem verbalen Ausdruck und dem Inhalt zu berücksichtigen.
- Achten Sie bei der Einschätzung Ihres Auftretens vor allem auf Verlegenheitsgesten und auf Extreme im Verhalten (z.B. große Unruhe in den Augen; keine oder zu viel Gestik; keine offene Haltung). Nutzen Sie Video-Kontrolle und Feedback von anderen, um eigene Stärken und Schwächen aufzuspüren!
- Wichtig sind Erkenntnisse der Körpersprache auch bei der Einschätzung Ihres Gegenübers. Häufig signalisieren seine Blicke, seine Mimik und Gestik sowie die Vergrößerung oder Verringerung der Distanz

  – Offenheit oder Widerspruch,
  – Sympathie oder Antipathie,
  – Interesse oder Ablehnung.

Sicherheitsgesten	Unsicherheitsgesten
• **Gute Gesamtverfassung** (geordnete äußere Form; aufrechte Haltung; gute Spannung; Tiefenatmung) • **Sicherer Stand** mit Schwerpunkt auf beiden Beinen • **Gestik im positiven Bereich,** zwischen Hüftlinie und Schultern; ausholende Armbewegungen • **Offener, ruhiger Blickkontakt** „Mit den Augen führen!“ • Konzentrierte, gelassene und positive Grundeinstellung/**Selbstkontrolle** • Freundlich-gewinnende Mimik • **Auf rhetorischer Ebene:** gute Artikulation, mäßiges Grundtempo; Pausentechnik; wechselnde Lautstärke; Tempovariation; Verständlichkeit; freier Vortrag; Engagement und Dynamik; Begeisterung • **Gute Übereinstimmung von Form** (Rhetorik, Körpersprache/Optik) **und Inhalt** (hohes Maß an Glaubwürdigkeit)	• **Schlechte Gesamtverfassung** (nachlässige, schiefe oder gekrümmte Haltung; Überspanntheit; flacher Atem) • **Hin- und Herpendeln;** Aufstützen; hochgezogene Schultern • **Keine oder zu wenige Gestik** im negativen Bereich; Hände bleiben am Körper oder werden versteckt • **Kein Blickkontakt;** unsteter, hektischer Blick • Tendenz zur Fahrigkeit und Hektik, die oft mit **„Übersprunghandlungen“** einhergeht (Finger am Mund, Spielen mit Gegenständen u.a.) • „Verbissene“, verspannte Mimik • **Auf rhetorischer Ebene:** zu leises Sprechen; „Nuscheln“; Schnellsprechen; keine Pausen; Füllsel (öh, äh...); Monotonie und Verlegenheitspausen, Festklammern am Konzept; keine innere Beteiligung; Mangel an Vitalenergie und Begeisterung • **Mangelhafte Übereinstimmung von Form und Inhalt** (geringes Maß an Glaubwürdigkeit)

Abb. 5

Besondere Aufmerksamkeit sollten Sie sogenannten *„Verhaltensbrüchen“* beim Gegenüber schenken, wenn er plötzlich sein Verhalten ändert, z.B. durch Spiel mit Gegenständen, plötzliche Unruhe, Vergrößerung der Gesprächsdistanz.

Im folgenden erhalten Sie Praxishilfen für drei Fragenkreise:

- Was habe ich zu beachten, um vom Auftreten und von der Gestik und Mimik her sicher zu erscheinen?
- Wie sieht eine wirkungsvolle Sprechtechnik aus?
- Wie baue ich mein Stichwortkonzept auf?

Das beschriebene rhetorische Instrumentarium ist aus meiner Seminarpraxis entwickelt und bringt Ihnen einen doppelten Nutzen:

- Sie haben Streßsituationen besser unter Kontrolle, weil Sie wissen: Ich wirke sicher und kann mich ganz auf die inhaltliche Argumentation konzentrieren.
- Sie profitieren vor allem davon, wenn Ihre Zuhörer rhetorisch gut geschult sind.

Ein kleiner Hinweis zum besseren Einprägen: Wir entwickeln die Empfehlungen von unten nach oben, also der äußeren Gestalt des Körpers folgend. Zunächst erfahren Sie alles Wichtige zum Stand und zur Haltung; die Tips zur Gestik schließen sich an. Es folgen die Hinweise zur Mimik und zum Blickkontakt.
Wir wechseln sodann zum Sprechen, besser zum „Denk-Sprechen“. Und zur Frage, wie man zu einer lebendigen und verständlichen Sprechtechnik kommen kann.

Guter Erst- und Letzteindruck

Achten Sie auf einen positiven Ersteindruck (primacy effect) und einen guten Letzteindruck (recency effect). Die ersten Momente Ihres Auftretens prägen weitgehend das Gesamturteil, das sich die Zuhörer von Ihrer Person bilden. Ist der Ersteindruck eher ängstlich und unsicher, fällt es schwer, diese negative Einschätzung später zu korrigieren. Mit Ihrem letzten Eindruck zeigen Sie, wie Sie in der Erinnerung des Zuhörers nachwirken wollen.

Zu einem guten ersten Eindruck tragen neben der Körpersprache auch das gepflegte Aussehen und die passende Kleidung bei.

Stand und Gesamthaltung

Achten Sie auf einen sicheren Stand mit dem Schwerpunkt über beiden Beinen. Diese Position vermittelt Ihnen vom Gefühl her Sicherheit, wird eher mit Ich-Stärke und Durchsetzungsfähigkeit assoziiert.

Ästhetisch ansprechender wirkt es allerdings, wenn Sie einen Fuß etwas vor den anderen stellen.

Sie profitieren zudem, wenn Sie „frei“ und für alle sichtbar stehen. Falls Sie Ihren Standort, etwa beim Einsatz von Medien, verändern – achten Sie darauf, langsam zu gehen und am Wende- oder Zielpunkt längere Zeit zu verweilen. Vermeiden Sie alle Extreme (auch im Bereich der Kleidung und der Statussymbole), weil sie die Aufmerksamkeit vom Inhalt ablenken. Zum Beispiel: dauerndes Hin- und Herpendeln und Beugen des Rumpfes; hochgezogene oder schiefe Schultern, Verlegenheitsgesten.

Für das Sitzen gilt: aufrechte Haltung; die Knie stets geschlossen halten; Beine nie vom Körper wegstrecken.

Gestik

Bei der Präsentation und im Gespräch gehören dazu alle Bewegungen, die Sie mit den Armen, Händen und Fingern ausführen. Versuchen Sie, eine Form der Gestik zu finden, die überzeugend wirkt und die zu Ihrer Persönlichkeit paßt. Die folgenden Kriterien helfen Ihnen dabei:

Der für die Gestik rhetorisch relevante Bereich liegt oberhalb der Gürtellinie zwischen Hüftlinie und Augen. In der Rhetorik spricht man auch vom „Plus-Bereich“ oder „positiven Bereich“.

Wählen Sie eine natürliche Grundposition für Ihre Gestik. Günstig ist es, die Hände in Hüfthöhe (sog. „neutraler Bereich“) zu halten. Nutzen Sie ein Stichwortkonzept als psychologische Stütze.

Für den freien Vortrag und das Argumentieren im Stehen kommen drei Grundstellungen in Frage:

- Beide Hände ineinandergelegt oder als Spitzdach in Hüfthöhe.
- Einen Arm angewinkelt in Hüfthöhe, den anderen Arm hängenlassen.
- Beide Arme hängenlassen.

Die letzten beiden Varianten haben den Nachteil, daß der Weg in den positiven Bereich relativ weit ist.

Impulse der Gestik sollten sinnentsprechend eingesetzt werden und zusammen mit Argumentation, Mimik und Sprechausdruck eine Einheit bilden.

Bei Persönlichkeiten, die über die Parteigrenze hinweg als rhetorisch brillant gelten, finden Sie durchgängig eine aktive unterstützende Gestik. Richtig eingesetzt, signalisiert sie innere Beteiligung, Glaubwürdigkeit und Engagement.

Die Hände sollten sichtbar sein! Es wirkt in der Regel auf Ihre Zuhörer negativ, wenn Sie die Hände ständig auf dem Rücken halten, verschränken oder in den Hosentaschen verstecken.

Die kleine Gestik wirkt oft kleinlich und ängstlich. Die große – weit ausholende – drückt eher Sicherheit und Souveränität aus. Vorsicht: Keine Überheblichkeit! Zeigen Sie nicht mit dem Zeigefinger auf die Zuhörer (Angriffsgebärde). Vermeiden Sie den erhobenen Zeigefinger, da dies Sympathiepunkte kostet und häufig als oberlehrerhaft empfunden wird. Die Finger bleiben normalerweise bei der Gestik geschlossen. Die Hand bleibt im allgemeinen geöffnet.

Versuchen Sie, eine Form der Gestik zu finden,
die Ihrer Persönlichkeit Rechnung trägt.
Kontrollieren Sie dies vor einem Spiegel oder
in einem Fachseminar.

Augenkontakt und Mimik

Blicken Sie Ihren Gesprächspartner freundlich an, wenn Sie sprechen. Dies ist ein Signal der Wertschätzung und ermöglicht es Ihnen,

- eine „emotionale Brücke“ (Kontaktbrücke) aufzubauen
- persönliche Sicherheit zu demonstrieren
- die Aufmerksamkeit zu verstärken
- das Gesagte zu unterstreichen
- die Reaktionen der Zuhörer zu beobachten.

Es gibt eine Reihe von Erklärungen für fehlenden Blickkontakt im Alltag: Sie reichen von Arroganz und Dominanzstreben bis hin zu persönlicher oder fachlicher Unsicherheit, Ängstlichkeit oder Minderwertigkeitskomplexen.

Praxishilfen

Beim Sprechen oder Diskutieren ist es ratsam, jedem Zuhörer den Eindruck zu vermitteln, daß er angesprochen wird. Bewährt hat sich in Gruppen der „*kreisende Rundblick*“.

Hierbei teilen Sie Ihr Publikum gedanklich in drei Kreise ein: einen zentralen, einen linken und einen rechten. Wenn Sie vor die Gruppe treten, suchen Sie zunächst einen guten Standort (in der Mitte, nicht an der Peripherie) und nehmen Blickkontakt zu einem Zuhörer im zentralen Kreis auf. Warten Sie einige Sekunden, bis Ruhe eingekehrt ist. Dann beginnen Sie zu sprechen, während ihre Augen ruhig und kontrolliert wandern – zum linken Kreis, dann zurück zum zentralen und sodann zum rechten usw. Es wirkt persönlicher, wenn Sie dabei einige Sekunden (oder bis Sie einen Gedanken ausformuliert haben) bei einzelnen Zuhörern verweilen. Jeder muß subjektiv den Eindruck haben, daß er wichtig ist und daß ihm Aufmerksamkeit zuteil wird.

Achten Sie darauf, in Konzentrationsphasen den Blick nicht zu senken oder zu weit vom Publikum zu entfernen. Wenn Ihnen die Auge-in-Auge-Situation zu viel innere Anspannung verursacht, schauen Sie auf die Stirn oder auf die Nasenwurzel Ihrer Gesprächspartner.

Der Blickkontakt zum Zuhörer ermöglicht Ihnen auch die Analyse des Zuhörerverhaltens. Signalisieren Ihnen Mimik, Blickkontakt und Haltung eher Offenheit und Interesse oder Widerspruch und Ablehnung?

Wirkungsvolles Sprechen

Pausen und Tiefenatmung

Reden heißt tönendes Ausatmen! Eine gute Sprechtechnik setzt daher eine tiefe und ruhige Atmung voraus. Die Befähigung zur Tiefenatmung und zum gezielten Einsatz von Sprechpausen ist notwendig. Tiefenatmung ist Zwerchfellatmung (beim tiefen Einatmen wölbt sich der Bauch und weiten sich die Flanken. Grund: Das Lungenvolumen nimmt zu, das Zwerchfell wird nach unten gedrückt.)

Praxishilfen und Erläuterungen

- Üben Sie im Alltag die Tiefenatmung (im Liegen; beim Spaziergang; beim Sprechen)
- Pausen geben Gelegenheit zur Tiefenatmung, zum Auffüllen der Atemreserve. Machen Sie Atempausen nach dem Ausatmen, nicht nach dem Einatmen.
- Pausen ermöglichen den Zuhörern, das Neue zu durchdenken

und gegebenenfalls Fragen zu stellen (vorzumerken) oder kommentierende Anmerkungen zu machen.
- Pausen sind ein wichtiges dramaturgisches Element beim Sprechen. Sie gliedern, machen aufmerksam, erzeugen Spannung, regen zum Denken an!
- Pausen erleichtern es Ihnen, sich auf den kommenden Gedanken innerlich vorzubereiten.
- Nach einem wichtigen Argument können Sie die Pausentechnik nutzen, weil

  - dadurch das Gesagte betont wird,
  - die Aufmerksamkeit beim Gegenüber steigt,
  - das Gesagte beim Zuhörer intensiver nachwirkt und besser behalten wird.

Erst die Sprechpause bringt die Überzeugungskraft Ihrer Argumente voll zur Entfaltung!

Man spricht von der „*Doppelpunkttechnik*“, wenn Sie vor wichtigen Gedanken eine kurze Sprechpause einfügen.

Beispiel:

„Ich komme jetzt zu einem ganz entscheidenden Punkt: (Pause machen, dann das Argument mit verstärkter oder zurückgenommener Lautstärke bringen)…!“

Pausen gegen das Schnellsprechen

Von besonderer Wichtigkeit sind Pausen für all jene, die sehr hektisch, schnell und unruhig-nervös sprechen.

Warum wirkt schnelles Sprechen im allgemeinen negativ?

- Der Schnellsprecher vermittelt oft den Eindruck, er wolle die Sprechsituation möglich schnell hinter sich bringen, um Mißerfolgen aus dem Wege zu gehen (Fluchtverhalten)
- Der Überzeugungscharakter schnell gesprochener Gedanken geht verloren, weil kaum Raum bleibt, um besondere Schwerpunkte zu setzen;
- Hektisch-schnelles Sprechen signalisiert eher Unsicherheit;
- Der Schnellsprecher überfordert die Aufnahmekapazität (genauer: das Gedächtnis für Neues) der Zuhörer;
- Schnellsprechen verführt zum undeutlichen, „nuscheligen Sprechen, was sich zusätzlich negativ auf die eigene Überzeugungsfähigkeit auswirkt.

Stimmlicher Ausdruck und Sprechweise

Die persönliche Art und Weise des Sprechens, ob langsam oder schnell, ob laut oder leise, ob deutlich oder „nuschelig“, ob flüssig oder stockend – sagt immer auch etwas über die eigene Persönlichkeit. Von Cicero stammt das Wort: Wie der Mensch, so seine Rede!

Der Überzeugungskraft abträglich sind vor allem

- *zu schnelles Sprechen, mangelhafte Pausentechnik;*
- *wenig moduliertes, eintöniges Sprechen;*
- *schlechte Artikulation (Verschlucken der Anfangs- und Endsilben);*
- *zu leises oder zu lautes Sprechen;*
- *Füllsel (öh, äh...);*
- *falsche Betonungen.*

— Praxishilfen zum wirkungsvolleren Sprechen

Wechseln Sie die Lautstärke

- Beginnen Sie Ihre Wortmeldung in Ihrer normalen Stimmlage (Indifferenzlage). Sprechen Sie anfangs auch einmal ein wenig langsamer und etwas leiser als normal.
- Sichern Sie eine ausreichende Grundlautstärke.
- Betonen Sie durch Laut- oder Leisesprechen einzelner Silben und Wörter sowie durch Dehnung von Vokalen.
- Die Dynamik des Vortrags hängt wesentlich vom Wechsel der Lautstärke ab.
- Die Betonung der sinntragenden Silben und Wörter bestimmt maßgeblich den Rhythmus.

Variieren Sie das Tempo

- Tempoveränderungen fördern die Farbigkeit und die Lebendigkeit Ihres Vortrags.
- Tempoverzögerungen erzeugen Spannung. Tempobeschleunigungen reißen mit.
- Wählen Sie ein eher mäßiges Grundtempo.
- Je wichtiger und schwieriger ein Gedankengang ist, desto langsamer sollten Sie sprechen!
- Eine verwaschene, undeutliche Aussprache kann nicht überzeugen; sie legt die Assoziation nahe, daß der zugrundeliegende Gedanke selbst unklar und wenig durchdacht ist;
- Ihre Ausdruckskraft gewinnt durch klare Artikulation bei Anfangs- und Endsilben sowie bei allen Selbstlauten!
- Vermeiden Sie Füllsel (= Störlaute wie öh, äh,...), indem Sie zwischen den Sätzen den Mund schließen und durch die Nase atmen. Die regelmäßige Tonbandkontrolle ist unverzichtbar, um Störlaute bewußtzumachen und zu beseitigen.

Fördern Sie Ihre stimmliche Resonanz

Eine tiefe und volltönende Stimme wirkt im allgemeinen überzeugender als eine „zu hoch sitzende“ Stimme.

Wichtig für die Resonanz Ihrer Stimme:

- Die Stimme darf nicht „hinten“ im Hals steckenbleiben, sie muß vielmehr im Resonanzboden – dem Mund- und Nasenraum – zum Klingen kommen!

Wenn Sie die Resonanz Ihrer Stimme nachhaltig verbessern wollen, ist die fachkundige Anleitung und Betreuung eines geschulten Sprecherziehers notwendig.

Entwickeln Sie Flüssigkeit im Denk-Sprechen

- Bemühen Sie sich um Wortflüssigkeit; vermeiden Sie ein stokkendes und schleppendes Sprechen.
- Wenn Ihnen mitten im Satz ein bestimmtes Wort nicht einfällt, brechen Sie den Satz ab und sagen Sie z.B.:

„Lassen Sie mich besser formulieren“
„Anders ausgedrückt“,

und dann beginnen Sie den Satz von vorn und vermeiden das betreffende Wort.

Eine Analyse der politischen Rhetorik zeigt, daß die besten Redner gekonnt die Mittel wirkungsvollen Sprechens einsetzen, nämlich Modulation, Tempovariation, gezielter Pauseneinsatz und eine (meist) gute Artikulation.

Stichwortkonzept

Zur sachlichen Vorbereitung gehört die Erarbeitung eines Stichwortkonzepts.

Was spricht für ein Stichwortkonzept?

- Es gibt Ihnen den Spielraum, frei zu formulieren.
- Sie gewinnen an Sicherheit, weil Sie ein Papiergedächtnis bei sich haben.
- Stichwortzettel helfen, Ihre eigene Strategie und Taktik einzuhalten und nichts Wichtiges zu vergessen.
- Ein Stichwortkonzept erleichtert es Ihnen, die Zeit einzuhalten.
- Es hilft Ihnen zudem, den Augenkontakt zu halten (im Gegenteil zum ausformulierten Manuskript).

Instruktionen zur Gestaltung

- Als Format hat sich DIN A 5 quer bewährt.
- Helles, am besten weißes, festes Papier verwenden.
- Zettel einseitig beschriften/Ecknumerierung.
- Einen Zettel für einen Kern-Gedanken mit den zugehörigen Unterpunkten, Beweismitteln, Daten und Zahlen.
- Wichtiges hervorheben durch Farben, Sperren, Großschreiben o.ä.
- Lassen Sie ausreichend breiten Rand, um noch neue Gedanken einfügen zu können.
- Faustregel: 1 Zettel für 2-3 Minuten.
- Übersichtlichkeit und Lesbarkeit sichern/zweizeiliger Abstand.
- Auf dem Stichwortzettel können Sie auch rhetorische Hinweise anbringen (z.B. keine Füllsel! Blickkontakt!).

- Bei wichtigen Beiträgen Einleitung und Schluß ausformulieren (psychologische Sicherheitszonen).
- Unterscheiden Sie zwischen Muß-Stichworten und Kann-Stichworten. Minimumziel des Vortrags: Die Muß-Argumente einbringen.

Standardaufbau einer Kurzrede

Es ist ratsam, Ihren Vortrag in drei Teile zu gliedern: Einleitung, Hauptteil und Schluß. Jeder Teil erfüllt bestimmte sachliche, psychologische und dramaturgische Funktionen.

Orientierungshilfen:

Einleitung

Aufgabe:
- Kontakt zum Publikum aufbauen
- Aufmerksamkeit wecken (attention spot)
- Interesse aufbauen
- Anlaß bewußtmachen
- Sympathie wecken
- Einstieg ins Thema

Vorgehen:
- Anrede und Begrüßung
- Attraktiver Einleitungsgedanke (z.B. aktuelles Ereignis der letzten Tage; persönliches Erlebnis; provokante These; Zitat; Definition; Frage stellen oder Problem aufwerfen...)
- Thema nennen und abgrenzen
- Ziel des Vortrags formulieren
- Falls notwendig, Hinweis auf anschließende Diskussion

Hauptteil

Aufgabe:
- Die Behandlung des Themas
- Die Zuhörer informieren, überzeugen... (entsprechend Ihrer Zielsetzung)

Hinweise:
- Beschränkung auf Schlüsselargumente
- Klare Gliederung, z.B.
  - was war?
  - was ist?
  - was soll sein?
  - wie kommen wir dahin?
- Die stärksten Argumente zum Schluß (rhetorischer Höhepunkt)
- Ein Argument mit dem Erreichen des Zündpunktes abschließen (ein gutes Argument nicht totschwätzen)

Schluß

Aufgabe:
- Knappe Zusammenfassung der entscheidenden Ideen, Gedanken und Argumente
- Die Zuhörer zur Aktivität, zum Weiterdenken und/oder zum Handeln auffordern
- Einen guten Letzteindruck sicherstellen

Hinweise:
- Kurze Zusammenfassung:
  „Ich fasse zusammen..." „Was ergibt sich als Fazit?..."
  gegebenenfalls: erstens, zweitens, drittens...
- Appell im Hinblick auf die Zielsetzung des Vortrags (Zielsatz)

Faustregel:

Gesamtredezeit	=	100 %, davon
Hauptteil	=	75 %
Einleitung	=	15 %
Schluß	=	10 %

Ergänzende Empfehlungen

- Eine Rede ist keine Schreibe. Es schadet nicht, wenn Sie beim Sprechen Sätze nicht zu Ende führen, wenn Sie ein Wort wiederholen, wenn Sie einen Satz zweimal beginnen.
- Zuhörer verzeihen kleine Schwächen. Perfektionismus kann die zwischenmenschliche Distanz zu den Zuhörern oder zum Gesprächspartner vergrößern.
- Bleiben Sie natürlich, vermeiden Sie gekünsteltes und gestelztes Verhalten.
- Trainieren Sie das vorauseilende Denk-Sprechen (d.h. während des Sprechens sollten Sie versuchen, mit den Gedanken immer mindestens einen halben, höchstens aber zwei Sätze vorauszueilen).
- Prägen Sie sich – wenn hierzu die Zeit bleibt – Ihre Gliederung und Ihre Kernaussagen ein. So können Sie relativ frei sprechen. Ein Stichwortkatalog gibt Ihnen zusätzliche Sicherheit.
- Bedenken Sie, daß Sie in der Regel sicherer erscheinen, als Sie subjektiv meinen. Dies bestätigt jedes Rhetorik-Seminar von neuem.
- Die Kenntnis des oben erläuterten rhetorischen Instrumentariums trägt zusätzlich dazu bei, daß Sie beim Zuhörer ankommen und überzeugend sprechen.
- Vollständigkeit können Sie in der Rede niemals erreichen. Es kommt darauf an, das Wesentliche zu sagen!

– Sprechen Sie lebendig, klar gegliedert, anschaulich und verständlich.

„Einfach reden, aber kompliziert denken –
nicht umgekehrt."

Franz-Josef Strauß

„Persönlichkeit ist das,
was übrigbleibt,
wenn man Ämter, Orden
und Titel von einer
Person abzieht."

Wolfgang Herbst

Nicht vergessen

- Körpersprache beachten
- Natürlich bleiben
- Lebendig sprechen
- Gut artikulieren/Füllsel vermeiden
- Pausen einsetzen

Baustein 4: Vorbereitung

Das Wissen um Rhetorik und sicheres Auftreten reicht allein nicht aus, um zu überzeugen. Hinzu kommen sollte die *gewissenhafte Vorbereitung auf das Thema.* Sorgfältige und gründliche Vorüberlegungen erleichtern es Ihnen, das eigene Urteil möglichst gut zu begründen und die Gegenargumente und Einwände rasch einordnen, zurückweisen oder gegebenenfalls modifizieren und weiterentwickeln zu können. Sicherheit in der Sache schafft zudem mehr Assoziationsmöglichkeiten für schlagfertige Antworten und mehr innere Sicherheit in schwierigen Situationen.

Im folgenden erhalten Sie detaillierte Orientierungshilfen für die Frage, wie Sie sich auf das betreffende Thema zielwirksam vorbereiten können. Im Vordergrund steht jetzt der rationale Aspekt der Argumentation, die Sach-Ebene.

> *„Wie ich immer wieder ausgeführt habe, können Sie gar nicht anders als Erfolg haben, wenn Sie das für Sie richtige Thema wählen. Ein Themengebiet ist dabei bombensicher: Sprechen Sie über Ihre Überzeugungen."*
>
> *Dale Carnegie*

Bevor die Kriterien im einzelnen dargestellt werden, überdenken Sie hierzu Ihre eigenen Gewohnheiten. Was tun Sie, um besser vorbereitet zu sein als Ihr Gegenüber?

Ein Beispiel:

Sie sind Teilnehmer einer Diskussion zum Thema *„Tierversuche"*. Für die Vorbereitung haben Sie 10 Minuten Zeit. Wie würden Sie die knappe Vorbereitungszeit bestmöglich nutzen? Skizzieren Sie Ihren Standpunkt. Auf welche Argumente stützen Sie sich? Mit welchen Gegenargumenten rechnen Sie? Was werden Sie entgegnen? Was wollen Sie bei den Zuhörern erreichen?

Praxishilfen für die Vorbereitung

Bei der Vorbereitung empfiehlt sich ein mehrstufiges Vorgehen, wie es in Abbildung 6 dargestellt ist:

Das Thema vorbereiten
1. Ziel bestimmen (Was will ich erreichen?) **2. Thema nach Aspekten aufschlüsseln** (Spektrumanalyse) **3. Stoffsammlung** **4. Schwerpunktbildung und Begrenzung** • Prioritäten gesetzt? • Verständlichkeit? • knappe Zeit beachten? • Argumente überzeugend? **5. Stichwortkonzept**

Abb.6

Was will ich erreichen:

Vor der systematischen Stoffsammlung ist es ratsam, mit Papier und Bleistift Ihre persönlichen Gesprächs- oder Diskussionsziele zu bestimmen. Die Frage lautet: Was will ich beim Gesprächspartner erreichen? Will ich

- Interesse und Aufmerksamkeit wecken,
- informieren,
- die Meinung meines Gegenübers kennenlernen,
- Gegenargumente behandeln,
- überzeugen?

Es lohnt sich zudem, Ihre indirekten (geheimen) Ziele zu durchdenken. Möchten Sie sich beispielsweise als glaubwürdig und sicher darstellen, Kompetenz signalisieren oder etwa Sympathiepunkte sammeln?

Mini-Max-Überlegung

Damit die Ziele nicht unrealistisch hoch ausfallen, ist es wichtig,

- bei der Zielbestimmung die „Welt“ des Gesprächspartners zu berücksichtigen (seine Interessen, Bildungsvoraussetzungen, Bedarf und Nutzen, den meine Ideen für ihn bringen...)
- eine Mini-Max-Überlegung anzustellen. Hierbei setzen Sie sich zwei Ziele: ein Mindestziel (das Sie mit hoher Wahrscheinlichkeit erreichen werden) und ein Maximalziel (das Sie nur dann erreichen, wenn das Gespräch optimal läuft).

Spektrumanalyse

Machen Sie sich hierbei die für Ihre Urteilsbildung wesentlichen Argumente und Aspekte bewußt. Um keine wichtigen Gesichtspunkte zu übersehen, sollte das angesprochene Thema nach Sachbereichen (Aspekten) gegliedert werden. Also etwa nach technologischen, betriebswirtschaftlichen, ökologischen, juristischen oder anderen Kriterien. Diese Spektrumanalyse erleichtert Ihnen eine umfassende, „vernetzte“ Sicht der Dinge, die Suche nach Argumenten und die Strukturierung der Diskussion.

Für die Spektrumanalyse können Sie E T H O S als Gedächtnisbrücke heranziehen. Sie verdeutlich Ihnen, welche Aspekte, welche Ebenen bei der Argumentation eine Rolle spielen können.

E T H O S steht für

E = Economical
T = Technical
H = Human
O = Organizational
S = Social

So kann das oben angesprochene Thema „Tierversuche" unter wirtschaftlichem, technischem, menschlichem, organisatorischem oder sozialem Aspekt diskutiert werden.

Bei diesen Vorüberlegungen ergeben sich in der Regel eine Reihe übergeordneter Stichworte/Leitgedanken zum Thema, aber auch offene Fragen – Fragen an den Juristen, an den Betriebswirt, an den Ingenieur und an andere Fachleute, die Erkenntnisse zum Thema beitragen.

Um Ihr Gedächtnis zu entlasten, können Sie Leitkarten im DIN-A 6 Format anlegen (oder ein entsprechendes elektronisches Archiv), auf denen Sie die Leitgedanken oder Leitfragen eintragen. Jeweils ein Stichwort pro Leitkarte.

Wenn Sie in der Phase der Stoffsammlung auf verwertbare Thesen, Argumente, Zitate oder Beispiele stoßen, legen Sie für jeden Gedanken ebenfalls eine Karte an. Die Karten ordnen Sie – mit Querverweisen und später mit Prioritätsvermerken versehen – den jeweiligen Leitkarten zu. Eine derartige Ideen- oder Argumente-Datei in Form eines kleinen Handarchivs tut gute Dienste. Sowohl bei der kurzfristigen Vorbereitung von Diskussionen als auch bei der Speicherung von Informationen, die für Sie einen langfristigen Nutzen haben.

Wie kommen Sie an Ideen und Argumente?
(Die Frage der Methodik)

(1) Nutzen Sie alle verfügbaren unternehmensinternen und -externen Informationsquellen, wozu auch Seminarunterlagen, Kommissionsberichte, Vorträge, Checklisten, Forschungsergebnisse des eigenen Hauses, Informationsbriefe, (aktuelle und archivierte) Zeitungen und Zeitschriften gehören.

Prüfen Sie, ob sich Teile der Lese- und Sucharbeit delegieren lassen und ob alle – auch informationstechnische Möglichkeiten, z.B. Zugriff auf externe Datenbanken – ausgeschöpft sind, um an relevante Sachinformationen und an „Spitzenwissen" zum Thema zu kommen.

(2) Spielen Sie den „Advocatus Diaboli", d.h. beziehen Sie zunächst (auch gegen Ihre Meinung) eine Kontraposition und versuchen Sie, diese mit allen Mitteln der Dialektik zu vertreten. Dies schafft Anreize, die eigenen Thesen überzeugender zu begründen und zu präzisieren. Zudem erleichtert diese Übung (die man auch im Rollenspiel durchführen kann) die innere Einstellung auf die Gegenargumente in der Realsituation.

(3) Nutzen Sie den ideenfördernden Effekt des Denk-Sprechens. In dem lesenswerten Aufsatz „Über die allmähliche Verfertigung der Gedanken beim Reden" von Heinrich von Kleist kann man bereits nachlesen, daß

- uns bestimmte Sachzusammenhänge klarer werden, wenn wir allein oder mit anderen (auch Nicht-Fachleuten) darüber sprechen. Das Sprechen zwingt uns, die Gedanken deutlich und verständlich zu formulieren;
- uns neue Gedanken häufig erst beim Sprechen kommen. Denk-Sprech-Vorgänge regen offenbar die eigene Kreativität an.

(4) Das persönliche Gespräch mit Fachleuten ist zum einen wichtig, um spezielle Informationen zu erfragen und schwierige Sachzusammenhänge besser zu verstehen. Unverzichtbar ist dieser Dialog vor allem dann, wenn es um Fragen geht, die jenseits der eigenen fachlichen Spezialisierung liegen. Um hier

zu einem wohlbegründeten Urteil zu kommen, sind wir – im Sinne eines „second best concept“ – darauf angewiesen, die Meinung vertrauenswürdiger Gewährsleute einzuholen und sie zu übernehmen.

Oswald von Nell-Breuning zu dieser Frage:

„In tausend Dingen des Alltags verlassen wir uns ständig auf die Meinung anderer; auch der Höchstgestellte und Letztentscheidende in den großen Fragen des öffentlichen Lebens und der Geschichte kann gar nicht anders verfahren, kann nur sorgsamer sein in der Auswahl der Gewährsleute, denen er sein Vertrauen schenkt.“

(5) Nutzen Sie die Vorteile des Brainstorming und vergleichbarer Kreativtechniken, um in methodischer Form den freien Fluß der Gedanken und Assoziationen zu stimulieren. Dies ist häufig sinnvoll,

- um Argumente/Gegenargumente zu sammeln,
- um anschaulich-plastische Beispiele zur Verdeutlichung abstrakter Thesen und Argumente zu gewinnen,
- um (etwa im Vorfeld wichtiger Gespräche oder Verhandlungen) Gesichtspunkte für die Argumentationsstrategie zu erhalten.

(6) Bemühen Sie sich, täglich am Problem zu arbeiten und neue Ideen zur Argumentation sofort aufzuschreiben oder auf Taschendiktiergerät („pocket memory“) zu sprechen. Denken Sie daran: spontane Einfälle werden schnell vergessen, wenn wir Ihnen keine Beachtung schenken.

Ergänzende Hinweise für die Vorbereitung:

In vielen Fällen geht es in Diskussionen um die Diagnose eines Problems und die Argumentation für einen Lösungsvorschlag. Prüffragen hierzu sind:

- Wie sieht die aktuelle Lage aus? Was ist der Ist-Zustand?
- Wo liegen die Kern-Probleme?
- Wo liegen die Ursachen für das Problem?
- Warum ist dies das wichtigste Problem?
- Auf welche Beweismittel/Informationsquellen stütze ich meine Lageanalyse?
- Habe ich die unterschiedlichen Aspekte des Problems, der Situation berücksichtigt? Siehe ETHOS auf Seite 69
- Was ist die Zielsetzung? Ist das Ziel
  - wünschenswert?
  - durchsetzbar?
  - realistisch?
  - mehrheitsfähig?

- Welche Maßnahmen und Lösungsvorschläge habe ich, um das Ziel zu erreichen? Sind es die besten Vorschläge?
- Suchen Sie nach überzeugenden Beweismitteln, um Ihre Vorstellungen bei den Zuhörern durchzubringen!

In Frage kommende Beweismittel enthält die Übersicht im nächsten Baustein.

- Stellen Sie die Einwände zusammen, die kommen können, und entwickeln Sie Gegenstrategien.

Einwände	Strategie zur Einwandbehandlung
1.	
2.	
3.	
usw.	

Wenn Sie den Stoff gesammelt haben, muß sich die Phase der Schwerpunktbildung und Begrenzung anschließen. Denn erfolgreiche Argumentation verlangt auch, der knapp bemessenen Diskussionszeit und der eigenen Zielsetzung Rechnung zu tragen und die Besonderheiten der Zuhörer bzw. der übrigen Diskussionsteilnehmer/Gesprächspartner zu berücksichtigen.

Schwerpunktbildung und Begrenzung

- Gewichten Sie die gesammelten Argumente und Fakten hinsichtlich ihrer sachlichen Bedeutung und ihrer zu erwartenden Überzeugungskraft beim Gesprächspartner oder beim Publikum. Eine erste Ordnung kann mit Hilfe des A-B-C-Prinzips erfolgen („A" = Muß- oder Kernargumente; „B" = Sollargumente; „C" = Kann- oder Randargumente)
- Beachten Sie – wie erwähnt – die Voraussetzungen auf seiten des Zuhörers. Versuchen Sie, ihn „dort abzuholen, wo er steht", bei seinen Interessen, Bedürfnissen, Vorkenntnissen, Vorurteilen usw.
- Sichern Sie ein Höchstmaß an Verständlichkeit, denn dieser Faktor beeinflußt ganz entscheidend die Wirkung auf den Zuhörer.
- Beachten Sie die verfügbare Zeit. Weniger ist oft mehr! Eine Tonbandkontrolle zeigt Ihnen, ob Sie zeitlich richtig liegen.

- Bedenken Sie, daß die Aufnahmefähigkeit der Zuhörer begrenzt ist.
- Beachten Sie auch die übrigen rhetorischen, psychologischen und sonstigen Regeln für eine überzeugende Argumentation.

Nicht vergessen

- Schlüsselargumente sammeln
- Spektrumanalyse
- Gute Beispiele vorbereiten
- Einwände vorher bedenken

– Baustein 5: Regeln überzeugender Argumentation

Mit diesem Baustein lernen Sie die wichtigsten Regeln kennen, die Ihnen die notwendige Sicherheit beim Argumentieren geben.

Diese 15 Regeln bilden die Grundlage für die verschiedenen Anwendungssituationen der Dialektik (Bausteine 10 bis 15).

(1) *Wer behauptet, ist grundsätzlich beweispflichtig.* Zumindest sollten Sie die eigenen Behauptungen (=Thesen) beweisen können.

Wichtige Beweismittel (= Argumente) sind:

- Ihre eigene Erfahrung und Betroffenheit
- Fakten, Zahlen, Untersuchungen, Statistiken

- Fachexperten und Wissenschaftler
- Referenzen (z.B. andere Unternehmen, Abteilungen, Personen)
- Berichte aus Presse, Fernsehen, Fachzeitschriften u.ä.
- Nutzen, den Ihr Vorschlag bringt
- Gesunder Menschenverstand
- Normen aus Recht, Ethik und Moral

Prüfen Sie, welche Beweismittel aus der Sicht Ihrer Zuhörer/Ihres Gesprächspartners eine hohe Überzeugungskraft und Akzeptanz haben werden.

Achten Sie bei Ihrem Gesprächs- oder Diskussionspartner konsequent auf die Qualität seiner Beiträge, insbesondere wie tragfähig seine Behauptungen und Beweismittel (= Argumente) sind. Die Rückfrage ist das beste Instrument, um sich die notwendige Klarheit zu verschaffen. Lassen Sie sich durch bloße Rhetorik Ihres Gegenübers nicht beeindrucken. Konzentrieren Sie sich immer auf den sachlichen Gehalt seiner Ausführungen.

(2) *Argumentieren Sie differenziert,* d.h. mit den verschiedenen Aspekten des betreffenden Themas oder Problems.
Um die in Frage kommenden Gesichtspunkte zu überblicken, können Sie die im Baustein 4 erläuterte Strukturierungshilfe E T H O S nutzen.

(3) *Formulieren Sie Ihre Behauptungen vorsichtig.* Dies macht Ihre Argumentation weniger angreifbar...

Nutzen Sie hierzu „einschränkende“ Redewendungen wie:
- „Nach meinem derzeitigen Wissensstand...“
- „Ich neige aufgrund meiner Erfahrungen zu der Einschätzung...“

- „Es gibt gute Gründe dafür, daß..."
- „Es gibt eine Reihe von Unternehmen, die mit dieser Software gute Erfahrungen gemacht haben..."

(4) *Machen Sie abstrakte Argumente anschaulich!* Eindrucksvolle Bilder wirken stärker als Worte. Plastische Beispiele und Fälle wecken Aufmerksamkeit und haften länger im Gedächtnis des Zuhörers. In der Werbung spricht man nicht umsonst von der „Ankerfunktion" anschaulicher Bilder und Beispiele.

(5) *Argumentieren Sie zweiseitig,* d.h. nehmen Sie den einen oder anderen Einwand selbst vorweg. Bringen Sie hierbei zuerst Vorteile, dann Nachteile, dann wieder Vorteile Ihres Vorschlags. Das kommt Ihrer Glaubwürdigkeit zugute, insbesondere bei kritischen Zuhörern. Beachten Sie auch, daß die zu Beginn und zum Schluß genannten Argumente am besten im Gedächtnis des Zuhörer haften.

(6) *Wiederholen Sie wichtige Argumente* in anderem Zusammenhang. Auf diese Weise merkt sich der Gesprächspartner die entscheidenden Aspekte (Ihre A-Argumente und Fakten) besser.

(7) *Arbeiten Sie mit „Fünfsätzen"*. Das sind gedankliche Baupläne, die es Ihnen erleichtern, geordnet und zielgerichtet zu argumentieren. Sie werden im nächsten Baustein detailliert behandelt.

(8) *Erleichtern Sie dem Gesprächspartner die Aufnahme und die Verarbeitung Ihrer Argumente und Informationen,* indem Sie

- verständlich formulieren
- Fremdwörter vermeiden
- wesentliche Punkte wiederholen

- langsam und deutlich sprechen
- Pausen bewußt einsetzen, um dem Zuhörer AHA-Erlebnisse zu verschaffen.
- die Argumentation schrittweise (d.h. nachvollziehbar) entwikkeln. Weniger ist häufig mehr!

(9) *Achten Sie auf Gleichgewicht in der Gesprächsführung.* Wirken Sie gleichberechtigt, nicht überlegen. Vermeiden Sie jegliche Demonstration von Dominanz und Überlegenheit (auch wenn Sie sich überlegen fühlen). Der Gesprächspartner muß überzeugt sein, daß Sie das meinen, was Sie sagen, daß Sie die Sache durchdacht haben, daß Sie sich aber auch offen für seine Gedanken zeigen. Ihr Partner möchte seinerseits mit seinen Argumenten und mit seinen Gesichtspunkten ernst genommen werden. Ein gutes Gespräch muß Teamwork, muß ein Geben und Nehmen sein. Nicht Rechthaberei, sondern Konsens und Kompromißbereitschaft sollten den Gedankenaustausch daher leiten.

Bedenken Sie, daß Ihr Gesprächspartner in der Regel ein Geltungsbedürfnis hat, ein Verlangen nach Bejahung und Wertschätzung. Geben Sie ihm daher ausreichend Gelegenheit, sich darzustellen.

(10) *Vermeiden Sie alles, was unnötige Spannungen und Antipathie aufbauen könnte.* In einer gereizten Atmosphäre kann man nicht überzeugen. Korrigieren Sie Irrtümer Ihres Gegenübers nicht um jeden Preis.

(11) *Tragen Sie Ihre Argumente rhetorisch wirkungsvoll vor:*
- Sprechen Sie überlegt, moduliert und deutlich (nicht „nuscheln").

- Vermeiden Sie Füllsel (öh, äh...) und stereotype Redewendungen/Füllworte wie „eigentlich“, „vielleicht“, „total“, „echt“.
- Setzen Sie Gestik und Mimik ein, um das Gesagte zu unterstreichen.

Zeigen Sie emotionalen Ausdruck und Engagement vor allem bei wichtigen Ideen und Argumenten. *Ihr Gesprächspartner muß spüren, daß Sie hinter dem stehen, was Sie sagen.* Der Baustein 3 enthält das rhetorische Instrumentarium im einzelnen.

(12) *Ermuntern Sie den anderen* – falls notwendig – durch Redewendungen wie
- ich verstehe...
- das ist sehr wichtig...
- sehr aufschlußreich...

Vor allem, wenn der Gesprächspartner über Dinge spricht, die für Sie interessant sind.

(13) *Stellen Sie Fragen. Wer fragt, der führt!* Verzichten Sie auf lange Monologe. Schwätzen Sie den Gesprächspartner nicht tot. Vielredner ermüden und verursachen beim Zuhörer Kampf- oder Fluchtverhalten.

Der Baustein 7 zeigt Ihnen die verfügbaren Fragevarianten.

(14) *Vergewissern Sie sich ständig, ob Ihre Argumente und Informationen auch angekommen sind.* Sie erkennen dies am körpersprachlichen Verhalten (Mimik und Gestik, Haltung) Ihres Gegenübers, seinen Einwänden und Rückfragen.

Sie können Rückfragen anregen: „Ich bin mir nicht sicher, ob ich den Vorgang verständlich machen konnte.“ Pause machen...

Beachten Sie das Ausdrucksverhalten Ihres Gegenübers. Nehmen Sie Unmutsäußerungen, Unsicherheits- oder Ablehnungsgesten beim Partner wahr, ändern Sie Ihre Strategie. Wechseln Sie das Thema, stellen Sie Fragen, zeigen Sie gezielt Verständnis. Wenn keine Erfolgsaussicht gegeben ist, ist es ratsam, einen „geordneten Rückzug“ vorzubereiten.

Besser bei der nächsten Gelegenheit überzeugen und das Ziel erreichen, als alles auf einmal erreichen wollen und durch Ungeduld alle Chancen verspielen.

(15) *Betrachten Sie Einwände als Chance,* um Widerstände auszuräumen und ergänzende Informationen zu geben. Beachten Sie dabei ein psychologisch gesteuertes Vorgehen, das dem anderen sein „Gesicht läßt“. Siehe Baustein 8.

Unter allen Umständen sollten Sie ein Streitgespräch vermeiden. Dieses ist Gegenstand der Kampfdialektik und hat in einem guten Gespräch nichts zu suchen.

> *„Argumente sind Pfeile.*
> *Sie müssen richtig beschaffen sein und*
> *gut gezielt werden.*
> *Wie tief sie eindringen,*
> *bestimmt die Kraft, mit der*
> *der Bogen gespannt wurde.*
> *Diese Kraft heißt Begeisterung.“*
>
> *Chin. Staatsmann 2000 v. Chr.*

Nicht vergessen

- Wer behauptet, ist beweispflichtig
- Anschauliche Beispiele zurechtlegen
- Verständlich sprechen
- Körpersprache beachten
- Gleichgewicht im Gespräch sichern
- Jeder muß sein „Gesicht wahren können“

Baustein 6: Fünfsatztechnik

Überzeugendes Argumentieren setzt voraus, daß Sie zielgerichtet und zeitsparend Ihren Standpunkt darlegen können. Die sogenannte Fünfsatztechnik will Sie dabei unterstützen. Ein Argumentieren in fünf Denkschritten hilft Ihnen auch, den roten Faden zu behalten und Denkblockaden zu vermeiden. Zusätzliche Orientierungen gibt Ihnen das „30-Sekunden-System" von *Milo Frank.* Es beantwortet die Frage, wie Sie in einer halben Minute Ihren Standpunkt vertreten können.

Ein Wort zum Begriff:

„Fünfsätze" sind gedankliche Baupläne, die es erlauben, in fünf Denkschritten (daher: Fünf-Satz) kurz, logisch folgerichtig, einprägsam und zielgerichtet zu argumentieren.

Warum sind fünf Schritte sinnvoll?

• Ein *erster Denkschritt* ist notwendig, um die Aufmerksamkeit des Gesprächspartners auf den Diskussionsbeitrag zu lenken, um die Bedeutung der Wortmeldung/des Themas hervorzuheben oder um eine Verknüpfung mit anderen Meinungen herzustellen (situativer Einstieg).

Beispiele:
In diesem Zusammenhang möchte ich darauf hinweisen...
Ein Punkt, der noch gar nicht zur Sprache gekommen ist...
Meine Meinung liegt nahe der von Herrn Müller...

• Der *dreifach gegliederte Mittelteil* dient der eigentlichen Beweisführung. Zum Beispiel durch Gegenüberstellung der Vor- und Nachteile bzw. der Pro- und Kontra-Argumente, die dann die Grundlage für das eigene Urteil bilden. Dieses Vorgehen findet sich in dem unten angeführten dialektischen Fünfsatz.

• *Zum Schluß* wird der Kerngedanke in einem *Ziel- oder Zwecksatz* zugespitzt und einprägsam zusammengefaßt. Was soll Ihr Gesprächspartner denken, meinen, einsehen, bezweifeln, tun...? Was wollen Sie von Ihrem Zuhörer?

Beachten Sie also bei der Darlegung Ihrer Meinung:

- einen guten situativen Einstieg
- eine überzeugende Argumentation
- einen zugespitzten, einprägsamen Zwecksatz

Vorbereitung in umgekehrter Reihenfolge

Wenn Sie Zeit haben, Ihren Diskussionsbeitrag vorzubereiten, gehen Sie genau umgekehrt vor. Sie beginnen also mit dem Zwecksatz (Was will ich erreichen?), suchen dann nach geeigneten Argumenten (Wie will ich mein Anliegen plausibel machen? Womit will ich meinen Gesprächspartner überzeugen?) und überlegen sich schließlich einen guten Einstieg.

Denken Sie auch daran,

- nur Gründe für Ihren Zwecksatz anzugeben,
- nur einige Kernargumente vorzutragen. Zu viele Argumente bringen die Gefahr mit sich, daß der Gegner/Partner sich die schwächsten aussucht und kritisiert,
- bei mehreren Argumenten das zweitbeste an den Anfang und das beste an den Schluß zu stellen,
- wichtige Argumente mit eindrucksvollen Fällen und Beispielen, möglichst aus der Welt der Zuhörer, anzureichern,
- einen Stichwortzettel anzufertigen.

Drei Fünfsätze sollten Sie kennen

Wenn Sie den Zuhörern oder Ihrem Gesprächspartner deutlich machen wollen, was Ihr Standpunkt ist und warum Sie für oder gegen etwas sind, kommt die *Standpunktformel* in Frage. Bei diesem Fünfsatz verzichten Sie bewußt darauf, sich mit den Gegenargumenten auseinanderzusetzen.

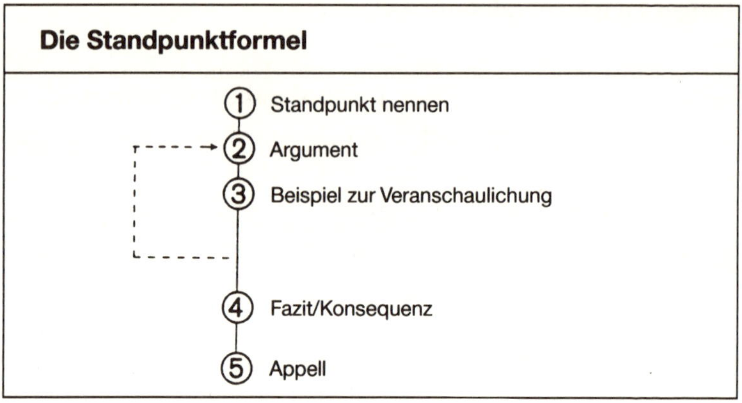

Abb. 7

Beim *dialektischen Fünfsatz* entwickeln Sie den eigenen Standpunkt schrittweise durch Abwägung von Für und Wider.
Falls Sie mehr zur Pro-Seite neigen, tauschen Sie die Stufen 2 und 3 aus.

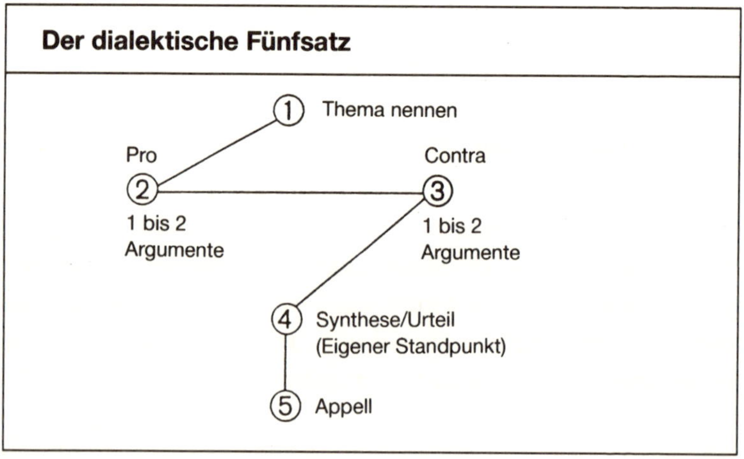

Abb. 8

Beispiel zu diesem Fünfsatz:

(1) Gern sage ich meine Meinung zum Thema Rauchen am Arbeitsplatz.
(2) Für das Rauchen wird häufig angeführt... Als weiteres Argument...
(3) Gegen das Rauchen spricht vor allem... Hinzu kommt...
(4) Daraus kann nur folgen...
(5) Daher mein eindringlicher Appell...

Einen ähnlichen Aufbau wie der dialektische Fünfsatz hat die sogenannte *Kompromißformel.* Hierbei nehmen Sie ausdrücklich Bezug auf die Standpunkte von zwei (oder auch mehr) Personen oder Parteien und bestimmen Gemeinsamkeiten zwischen den widerstreitenden Meinungen. Das Fazit (Zielsatz) Ihrer Argumentation kann dann Grundlage für die weitere Diskussion werden.

Die Denkschritte der Kompromißformel:

(1) A behauptet...
(2) B führte demgegenüber aus...
(3) Ich sehe Berührungspunkte...
(4) Eine Lösung könnte darin bestehen...
(5) Wir sollten die Überlegungen weiterführen.

Der wichtigste und umfassendste Fünfsatz ist die sogenannte *Problemlösungsformel.* Die ersten vier Denkschritte lassen sich auf die beiden Begriffe „Diagnose“ und „Therapie“ bringen, wie sie Hippokrates für die Medizin geprägt hat.

Bei der Argumentation tun sie nichts anderes als der Arzt, nur der Gegenstand der Untersuchung ist verschieden:

Sie diagnostizieren eine Störung oder ein Problem in einer Abteilung, in einem Unternehmensbereich, in der Gesellschaft oder wo auch immer. Sodann sagen Sie etwas zu den Ursachen.

Im dritten Schritt legen Sie Ihre Zielvorstellung dar (was getan werden sollte, um das Problem zu beseitigen) und schlagen Maßnahmen (Therapie) vor, um dieses Ziel zu erreichen.

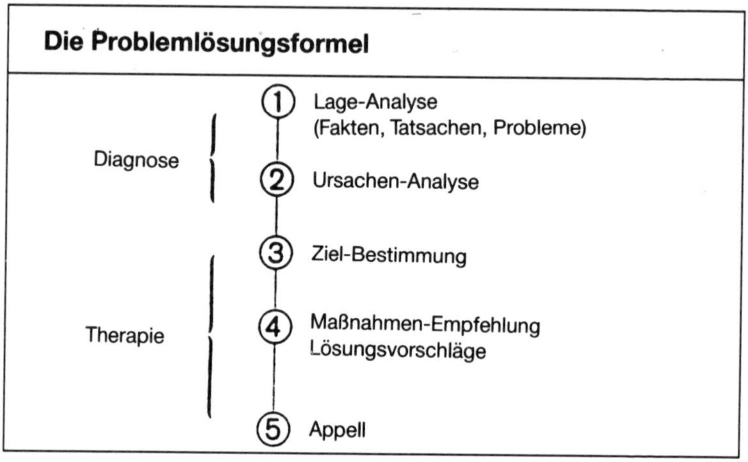

Abb. 9

Wo dieser Fünfsatz noch hilft...

Die Problemlösungsformel leistet Ihnen auch wertvolle Dienste, wenn Sie einen Diskussionspartner nach seiner Meinung befragen wollen. Hierbei können Sie mit Hilfe von weitergehenden Prüffragen Schwachstellen und „Löcher" in der Argumentation des anderen erkennen:

(1) Wie sehen Sie die aktuelle Lage? Wo sehen die die Hauptprobleme? (Prüffragen: Wie kommen Sie zu dieser Einschätzung?

Was sind Ihre Informationsquellen? Was sagt die Wissenschaft? Was sagen Fachleute?)

(2) Wo sehen Sie die Ursachen für das Problem? (Prüffragen: Wie kommen Sie zu dieser Erklärung? Sind die Untersuchungen, die Sie herangezogen haben, interessenunabhängig und „objektiv"?)

(3) Welche Ziele scheinen Ihnen wünschenswert? (Prüffragen: Sind die Ziele realistisch? Sind die Ziele mehrheitsfähig, d.h. haben sie eine Chance, von der Mehrheit akzeptiert zu werden? Bis wann wollen Sie diese Ziele erreichen?)

(4) Welche Maßnahmen und Lösungsvorschläge sehen Sie, um das Ziel zu verwirklichen? (Prüffragen: Ist die Maßnahme die beste? Was sagt die Wissenschaft? Was sagt die Erfahrung? Ist der Lösungsvorschlag finanzierbar? Steht der Lösungsvorschlag in Einklang mit übergeordneten Werten und Normen – aus Grundgesetz, Rechtsprechung, Unternehmenspolitik...)?

Oft reichen 30 Sekunden

Das „30-Sekunden-System" bietet weitere Orientierungen, wie Sie in kurzer Zeit Ihren Standpunkt zielgerichtet und einprägsam formulieren können. Hier das Konzept von Milo Frank in Kürze:

Warum 30 Sekunden?

- *Zeit ist knapp.* Für die eigene Person genauso wie für Ihren Gesprächspartner. Wer ärgert sich nicht über zu lange Wortmeldungen, Vielredner, den fehlenden roten Faden in Gesprächen und Besprechungen, langatmige Telefonate und andere „Zeitfresser"?

- *Begrenzte Aufnahmefähigkeit* des Zuhörers. In der Psychologie des Behaltens gibt es die Erkenntnis, daß die durchschnittliche Aufnahmefähigkeit des Menschen etwa 30 Sekunden beträgt. Nach dieser Zeitspanne neigen viele Zuhörer dazu, sich anderen Reizen oder Themen zuzuwenden. Die Aufmerksamkeit schwindet.
- Je mehr Sie reden, um so größer die Gefahr, daß Sie dumme Sachen sagen und *durch Vielreden Sympathie verlieren.*
- Fast alle *Werbespots in Fernsehen* und Radio dauern maximal 30 Sekunden. Es bringt offenbar keinen zusätzlichen Nutzen, wenn man diese Zeit auf ein bis zwei Minuten ausdehnt.
- *Statements* im Fernsehen (Tagesthemen; Heute-Journal usw.) verlieren ebenfalls an Gewicht, wenn sie zu lang ausfallen. Genauso ist es bei Anmoderationen und Überleitungen, die in der Regel unter 30 Sekunden liegen.

Wie das 30-Sekunden-System aussieht

Sie haben zunächst für Ihr Ziel und Ihren Zuhörer den richtigen Aufhänger zu finden. Dann entwickeln Sie kurz und prägnant Ihr Thema und schließen mit einer Aufforderung an den Zuhörer. Damit haben wir *drei Phasen:*

(1) Aufhänger

Es geht darum, mit Ihrer ersten Aussage Aufmerksamkeit zu wecken und das Interesse des Zuhörers auf Ihr Thema zu lenken. Der Aufhänger („attention spot“) kann eine Frage oder eine Aussage sein, er kann dramatisch oder humorvoll ausgestaltet sein. Anekdoten, aktuelle Ereignisse der letzten Tage oder persönliche Erlebnisse sind oft gut geeignet. Ein Aufhänger kann auch ein Artikel, eine Broschüre oder ein Gegenstand sein.

(2) Das Thema

Es umfaßt alles, was Sie zwischen Anfang und Schlußwort sagen. Der Mittelteil Ihrer Botschaft verschafft Ihnen Gelegenheit, Ihren Standpunkt zu begründen, zu erklären und wichtige Informationen zu geben. Konzentration auf das Wesentliche ist hier entscheidend. *Checkliste* zur Ausarbeitung des Themas:

1. Schritt
- Sie müssen Ihre Zielvorstellung kennen
- Sie müssen Ihre Zuhörer kennen
- Sie müssen Ihre Vorgehensweise kennen

2. Schritt
- Worüber spreche ich?
- Wer ist beteiligt?
- Wo spielt es sich ab?
- Wann ist es?
- Warum geschieht es?
- Wie mache ich es?

3. Schritt

Vergleichen Sie Ihre Antworten mit den folgenden Fragen:
- Bekräftigen und/oder erklären meine Antworten mein Ziel?
- Beziehen Sie sich auf meine Zuhörer?
- Entsprechen sie meiner Vorgehensweise?

Ihr Thema können Sie oft strukturieren durch die 6 W-Fragen: Was, wer, wo, wann, warum und wie?

Im Alltag reicht es häufig, ein bis zwei Punkte anzusprechen, die Ihre Forderung unterstützen.

(3) Aufforderung zum Handeln (Schluß). Am Ende der 30 Sekunden-Botschaft sollten Sie verlangen, was Sie haben wollen. Milo Frank: „Eine Botschaft ohne nachdrückliche Forderung ist eine verpaßte Gelegenheit. Wenn Sie nicht um Bestimmtes bitten, bekommen Sie wahrscheinlich gar nichts. Es läuft immer auf den einen Punkt hinaus: Wer nichts fordert, bekommt nichts!"

Um diesen Schlußsatz zu finden, fragen Sie sich: „Was will ich von meinem Zuhörer?" Die Antwort auf diese Frage ist der gesuchte Abschluß.

Und einige psychologische Hinweise:

- Denken Sie an die Bildhaftigkeit Ihrer Ausführungen (eindrucksvolle Beispiele, Erfahrungen, Prospekte...).
- Klar und verständlich sprechen. Eine Sprache benutzen, die für die Welt des Zuhörers geläufig ist.
- Persönliche Erlebnisse zur Illustration des Argumentes einflechten.
- Die Emotionen der Zuhörer ansprechen (Appell an die Gefühle).

Nicht vergessen

- Kurze Beiträge, Faustregel: 30 bis 40 Sekunden
- Fünfsatztechnik nutzen
- Wer nichts fordert, bekommt nichts

Baustein 7: Fragetechnik

Wer fragt, der führt

- Die Kunst, die richtigen Fragen zu stellen, ermöglicht den gezielten Abbau persönlicher Informationsdefizite (insbesondere in Gesprächen mit Spezialisten anderer Fachbereiche).
- Sie können ein Gespräch oder eine Diskussion in Gang bringen und die Gesprächsrichtung steuern.
- Konsequentes Fragen erleichtert es, den Standpunkt oder die Meinung seines Gegenübers in Erfahrung zu bringen, seine Behauptungen und Argumente mit letzter Klarheit zu erfassen und auf Tragfähigkeit hin zu überprüfen,

- Sie können den Diskussionspartner durch konsequentes Nach- und Weiterfragen in Beweisnot bringen. Viele Menschen fürchten zu Unrecht, durch Fragen die Initiative an ihren Gesprächspartner zu verlieren. Das Gegenteil ist der Fall. Das „Gesetz des Handelns“ liegt bei demjenigen, der fragt.
  Wer fragt, der führt!
- Sie können durch die Rückfrage Zeit zum Nachdenken gewinnen.
- Sie können durch gezieltes Fragen bestimmte Begriffe und Definitionen beim Gesprächspartner „abprüfen“: „Bevor wir weiterdiskutieren, was verstehen Sie eigentlich unter Corporate Identity?“

Die wichtigsten Fragevarianten im Überblick

- *Informationsfrage.* – Der Fragende weiß etwas nicht und vermutet, daß sein Wissensdefizit vom Befragten ausgeglichen werden kann. Diese Frage ist in erster Linie auf Daten, Fakten, Thesen und Argumente gerichtet.
- *Einschätzungsfrage und Einstellungsfrage.* – Der Fragende zielt hierbei auf die persönlichen Meinungen, Einstellungen und Einschätzungen seines Gegenübers.
  „Wie schätzen Sie die Zukunft „vernetzter Computer-Systeme“ ein?“
  „Was halten Sie von Frauen in Führungspositionen?“
- *Diagnostische Frage.* – Hierbei will man vom Befragten in Erfahrung bringen, wie er die Lage sieht, welche Probleme er für bedeutsam hält und welche Ursachen seiner Meinung nach zu diesen Problemen geführt haben.
- *Problemlösungsfrage.* – Der Gesprächspartner wird befragt nach neuen Ideen, Lösungsvorschlägen, Konzepten, Maßnahmen u.ä. zur Verbesserung der gegebenen (unbefriedigenden) Situation.

- *Entscheidungs- oder Alternativ-Frage.* – Diese Frage verlangt eine bestimmte Stellungnahme vom Befragten, man will wissen, ob er sich für die Lösung A oder B entscheidet, ob er dieses oder jenes bevorzugt oder ablehnt.
- *Weiterführende Frage.* – Diese Frage soll auf die Konsequenzen des Gesagten (etwa eines Lösungsvorschlags) aufmerksam machen und den Befragten zum Weiterdenken anregen bzw. Schwachstellen offenlegen. „Welche Folgen ergeben sich daraus in finanzieller/psychologischer/ökologischer Hinsicht...?"
- *Prüfende Frage.* – Der Fragende weiß etwas und will sich vergewissern, ob der Befragte es auch weiß. Oftmals als unfaires Mittel eingesetzt, um die Sachkompetenz des anderen zu schmälern oder den anderen zu verunsichern.
- *Sokratische Frage.* – Der Fragende weiß etwas und ist sicher, daß der Befragte es nicht weiß. Sokrates begründete die sogenannte „Hebammenkunst" (Mäeutik), bei der durch Fragen und beharrliches Weiterfragen „das Wissen/oder Nicht-Wissen aus dem Gesprächspartner herausgehoben werden soll" (wie die Hebamme das Neugeborene aus der Mutter heraushebt).

  Häufig zielen die sokratischen Fragen darauf, *den Gegner in Beweisnot zu bringen (in die sogenannte Aporie) und ihm die Einsicht zu vermitteln, daß er in Wahrheit nichts weiß.*
- *Ja-Frage.* – Hierbei wird die Frage so gestellt, daß der Befragte nur mit „Ja" antworten kann. Die für den Verlauf von Verkaufsgesprächen wichtige Hypothese: Ein Ja-Sagen begünstigt ein weiteres Ja-Sagen!
- *Suggestiv-Frage.* – Der Fragende bringt durch seine Fragestellung seine eigene Meinung zum Ausdruck. Beispiel: „Sie sind sicherlich auch der Meinung, daß..." Vorsicht: Eine Suggestiv-Frage reizt zum Widerspruch!
- *Kontrollfrage.* – Sie soll sicherstellen, daß das Gesagte auch

verstanden wurde. Beispiel: „Habe ich Sie recht verstanden, wenn..." „Habe ich mich verständlich machen können..."

- *W-Fragen.* – Allgemein kann systematisches Fragen so gekennzeichnet werden, daß ein vorher „unbefragter" Gegenstand, zum Beispiel „vortragen", nach bestimmten Aspekten befragt wird.

  Erweitert man den auf Aristoteles zurückgehenden Katalog von W-Fragen, so sieht eine systematische Befragung des Gegenstandes „Vortragen" folgendermaßen aus:

Wer?	Frage nach dem Vortragenden
Wozu?	Frage nach dem Ziel des Vortrags
Was?	Frage nach dem Inhalt des Vortrags
Wie?	Frage nach dem Vorgehen beim Vortrag
Womit?	Frage nach den Medien
Wer?	Frage nach den Zuhörern
Wo?	Frage nach dem Ort des Vortrags
Wann?	Frage nach dem Zeitpunkt des Vortrags
Wie lange?	Frage nach der Dauer des Vortrags

Mit Hilfe dieser Leitfragen lassen sich die Aspekte eines Gegenstandes relativ leicht benennen und sodann – je nach Zielsetzung – weiter analysieren.

Die W-Fragen sind hilfreich

- bei der Sammlung und Gliederung von Informationen,
- bei der Definition von Problemen,
- bei der Entwicklung von Checklisten,
- bei der Vorbereitung von Seminaren, Besprechungen, Vorträgen usw.
- als Merkstütze für den inneren Aufbau von Artikeln, Statements, Berichten.

Nutzen Sie Fragenkataloge bei der Analyse von Problemen, zum Beispiel im Rahmen eines Mitarbeitergesprächs oder einer Besprechung.

Im Rahmen der Problemanalyse können Fragenkataloge in Form von Checklisten hilfreich sein. Nützliche Fragen sind etwa:

- Welche Forderungen werden maximal/minimal an die Problemlösung gestellt?
- In welche Teilprobleme ist das Hauptproblem zerlegbar?
- In welcher Situation ist das Problem entstanden?
- Welche Bedeutung hat die Lösung des Problems?
- Was geschieht, wenn das Problem nicht/später gelöst wird?
- Gibt es wichtigere Probleme als dieses?
- Ist das Problem oder sind Teile des Problems bereits gelöst worden? Was sagt die Wissenschaft, was die Praxis?
- Sind die in der Aufgabenstellung benutzten Begriffe eindeutig?
- Sind irgendwelche Richtlinien bei der Problemlösung zu beachten? Welche?
- Ist die Personengruppe/Interessengruppe genau bestimmt, die vom Problem betroffen ist, das Problem verursacht hat und zur Problemlösung beitragen kann?

Fragen Sie psychologisch „richtig“!

- Stellen Sie jeweils nur eine Frage.
- Fragen Sie knapp, präzise und leicht verständlich.
- Verbinden Sie eine freundliche Grundhaltung mit Konsequenz in der Sache.
- Geben Sie dem Befragten Zeit zum Nachdenken. Formulieren Sie die Frage gegebenenfalls neu. Geben Sie Verständnis- und Lernhilfen.

- Versetzen Sie sich in die Position des Befragten (seine „Welt“, seine Bildungsvoraussetzungen und Bedürfnisse) und bauen Sie Ihre Fragen entsprechend auf.
- Sprechen Sie Ihren Gesprächspartner mit Namen an.
- Fragewörter gehören an den Anfang.
- Verwenden Sie sogenannte „Türöffner“, um den Gesprächspartner nach einer gestellten Frage zum Sprechen zu bringen. Beispiele sind:
  - einfache Türöffner wie: Aha, Hmhm; interessant; im Ernst?; Wirklich?; das interessiert mich!
  - andere Aufforderungen zum (Weiter-)Sprechen wie:
    „Ihre Meinung interessiert mich…“
    „Können Sie mir das genauer erklären…“
    „Ihre Erfahrungen würden mich sehr interessieren…“

  Türöffner geben Ermutigung, mehr zu sprechen, tiefer zu gehen, verleiten den anderen aber auch dazu, Fehler zu machen und schwache Argumente und Beweismittel anzuführen.
- Unter psychologischem Blickwinkel ist immer zu bedenken, daß man sich gewöhnlich leichter durch Gründe überzeugen läßt, die man selbst (durch die Fragen des Gegenübers!) gefunden hat, als durch solche, die anderen in den Sinn gekommen sind!

„Wer fragt, ist (vielleicht) ein Narr für fünf Minuten,
wer nicht fragt, bleibt ein Narr für immer.“
Chin. Weisheit

„Besser zweimal fragen, als zweimal irregehen.“
Chin. Weisheit

„Wer viel spricht, erfährt wenig.“
Russ. Weisheit

Nicht vergessen

- Wer fragt, der führt
- Fragevarianten beachten
- W-Fragen helfen strukturieren

Baustein 8: Einwandtechnik/Aktives Zuhören

DIE KUNST, ANEINANDER VORBEIZUREDEN

Wer überzeugen will, muß in der Lage sein, sich wirkungsvoll mit Einwänden und anderen Auffassungen auseinanderzusetzen. Dies gilt für die Überzeugungsarbeit unter vier Augen genauso wie für Besprechungen oder Diskussionsrunden.

Dieser Baustein verdeutlicht, daß eine gute Einwandtechnik mehr verlangt als Sachkompetenz und Schlagfertigkeit. Unter psychologischem Aspekt ist vor allem darauf zu achten, daß unnötige Spannungen vermieden, das Gespräch im Gleichgewicht gehalten und Akzeptanz beim Gegenüber aufgebaut werden.

Bevor Sie weiterlesen, einige Fragen zur Überprüfung Ihrer persönlichen Einwandtechnik:

- Wie reagieren Sie auf sachliche, wie auf unfaire, wie auf Prestige-Einwände?
- Wie beurteilen Sie Ihre Fähigkeit, genau zuhören zu können, ausreden zu lassen und Einwände diplomatisch zu beantworten?
- Tragen Sie durch Ihre Art der Einwandbehandlung zu einer positiven Gesprächsatmosphäre bei?
- Was gehört Ihrer Meinung nach zu einer guten Einwandtechnik?

Einwände als Chance begreifen

Sachbezogene Einwände sind im allgemeinen positive Signale, weil sie Interesse bekunden; sie bringen eine Reihe von Chancen mit sich, wenn wir produktiv mit ihnen umgehen.

Ein anfängliches „Nein“, geäußerte Bedenken und Befürchtungen oder kritische Fragen zeigen, daß der Gesprächspartner noch Widerstände und innere Zweifel hat. Ihre Beweisführung erscheint ihm noch nicht zwingend. In jedem echten Einwand steckt eine Frage, oft der Wunsch nach einer Verständnishilfe. Diese Frage gilt es zu erkennen und zu beantworten. Sachlich und persönlich überzeugend.

Im allgemeinen ist es ratsam, jeden Einwand ernst zu nehmen und auch bei Polemik und unfairen Angriffen konsequent sachlich zu bleiben. Lassen Sie sich nicht, wenn Sie überzeugen wollen, auf Streitgespräche ein, in denen es weniger um die Sache selbst als darum geht, recht zu behalten und Überlegenheit zu demonstrieren.

Denken Sie daran, daß Sie im Gespräch und in der Diskussion nicht nur an der Qualität Ihrer Thesen und Argumente („Sach-Ebene") gemessen werden, sondern vor allem auch an der Art und Weise, wie Sie im kleinen mit abweichenden Auffassungen und Kritik, umgehen („Beziehungs-Ebene").

Phasenkonzept zur Einwandbehandlung

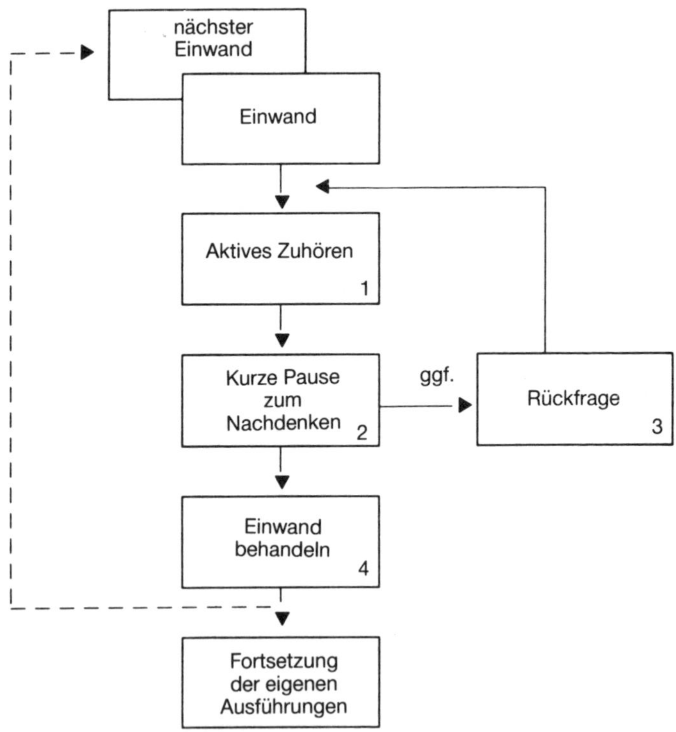

Abb. 10

Einwände weich und wirksam behandeln

Das Phasenkonzept zeigt in vereinfachter Form, wie man vorgehen sollte, um Einwände psychologisch „richtig“ und wirkungsvoll zu behandeln.

Die Phasen im einzelnen:

(1) Aktives (analytisches) Zuhören

Ziel ist es, den sachlichen Gehalt des Einwandes zu verstehen, Interesse zu zeigen und zu einem kooperativen Gesprächsklima beizutragen.

Wichtige Merkpunkte:

- Bemühen Sie sich, den Kern des Einwandes rasch herauszufinden; achten Sie bei der Verständniskontrolle auf die Voraussetzungen, Beweismittel und Konsequenzen des Einwandes. Überlegen Sie, ob Sie auf den Einwand überhaupt eingehen müssen. Sie können ihn auch lediglich zur Kenntnis nehmen.
- Analysieren Sie die Motive, die dem Einwand (wahrscheinlich) zugrunde liegen: Will man Sie provozieren, d.h. ist der Einwand taktisch bedingt? Sind es echte (sachliche) Gesichtspunkte oder Prestigemotive, die zu der Meinungsäußerung geführt haben?
- Bleiben Sie ruhig und innerlich gelassen; Ruhe im Blick, aufrechte Sitzhaltung, keine nervösen Verlegenheitsgesten! Nie lachen oder lächeln, wenn Sie einen Einwand hören, es sei denn aus taktischen Gründen.
- Betrachten Sie genau das Ausdrucksverhalten Ihres Gegenübers.

- Lassen Sie den anderen ausreden.
- Lassen Sie sich unter gar keinen Umständen provozieren. Setzen Sie sich strikt für die Regeln des „fair play“ ein.

(2) Kurze Pause zum Nachdenken

Dies ist psychologisch ratsam, weil eine zu schnelle Antwort oft den Eindruck vermittelt, mit Standardformulierungen zu arbeiten, nicht zugehört und den Gesprächspartner nicht ernst genommen zu haben.

Eine kurze Pause gibt Ihnen zudem Gelegenheit zu entscheiden, ob Sie sofort antworten sollen oder ob eine Rückfrage günstiger ist.

(3) Rückfrage

Sie eröffnet folgende Möglichkeiten:

- Zeit zu gewinnen, falls man den Einwand nicht sofort beantworten will oder kann.
- Zusätzliche Informationen zu erfragen und die Position des Gegenübers besser zu verstehen.
- Abzusichern, ob man den Einwand verstanden hat („Habe ich Sie recht verstanden...“).
- Den Gesprächspartner in die Defensive zu drängen und zu verunsichern, wenn dieser versucht, Polemik und unfaire Spielarten der Dialektik in die Diskussion zu bringen.

Falls Sie an einem guten Gespräch und erfolgreicher Überzeugungsarbeit interessiert sind, vermeiden Sie insistierende Warum-Fragen (Methode des Sokrates), die darauf zielen, den Partner in Beweisnot („Aporie“) zu bringen.

Im Gespräch erlittene Niederlagen wirken nach. Sie machen es doppelt schwierig, den anderen für Ihre Ideen oder gar für Ihre Person einzunehmen.

(4) Einwandbehandlung im engeren Sinne

Es mindert Ihre Glaubwürdigkeit und Ihre Chancen zu überzeugen, wenn Sie auf eine Behauptung, die Ihnen nicht paßt, mit einer Gegenbehauptung reagieren. Widerstand und Widerspruch, ein schroffes „Nein", bauen unnötige Spannungen auf und erzeugen Abwehr. Aggressive Redewendungen wie „Sie müssen doch zugeben...", „Nein, das ist absolut falsch...", „Dummes Zeug, was Sie da sagen..." haben den Charakter der Endgültigkeit und führen häufig zu einer emotionalen Einengung („psychologische Reaktanz") des Partners.

Jede Demonstration von Überlegenheit und Dominanz erzeugt Abwehr und mindert die Akzeptanzbereitschaft beim Zuhörer. Sie laufen Gefahr, daß sich das negative Gesprächsklima auf Ihre Person überträgt. Daher die Empfehlung, Einwände nicht zu widerlegen, sondern zu beantworten, gleichberechtigt und nicht überlegen zu wirken. Denken Sie daran, daß jeder Mensch ein mehr oder weniger ausgeprägtes Geltungsbedürfnis hat, ein Verlangen nach Bejahung und Wertschätzung.

Der Grundsatz der positiven Einstimmung des Gesprächspartners (durch Anerkennung, Ausdruck von Verständnis, bedingte Zustimmung u.ä.) trägt diesem Motiv Rechnung. Möglichkeiten zur Umsetzung dieser Forderung sind:

Die Technik der bedingten Zustimmung

Hierbei greift man einen Aspekt des Einwands auf und stimmt bedingt zu. Erst dann wird der eigene Standpunkt auf verständliche Weise erklärt, relativiert oder entkräftet. „Ich stimme Ihnen im Prinzip zu...“; „Ich bin Ihnen dankbar, daß Sie diesen Punkt ansprechen...“

Eine Variante dieser Technik besteht darin, dem angesprochenen Aspekt einen weiteren hinzuzufügen: „Nun, das ist ein wichtiger Gesichtspunkt. Erlauben Sie mir, einen weiteren hinzuzufügen...“

Die Vorteile-Nachteile-Methode

Hier argumentieren Sie mit den zwei Seiten einer Sache. Ein offensichtlicher Nachteil wird zugegeben. Sodann wird der Nutzen oder der Wert Ihres Vorschlags argumentativ aufgebaut. Ziel ist zu zeigen, daß sich durch die Güterabwägung zwischen „Für“ und „Wider“ der eigene Standpunkt rechtfertigen läßt.

Die Referenzmethode

Hier argumentiert man mit den Erfahrungen und Erkenntnissen in vergleichbaren dritten Unternehmen, Einrichtungen, Ländern oder mit den Aussagen von Experten und Persönlichkeiten, die für die Zuhörer vermutlich eine große meinungsbildende Kraft haben:

„Ich verstehe Ihre Bedenken. Im Unternehmen Meier & Partner sind sehr positive Erfahrungen mit dem Superlearning gemacht worden. Ich habe zudem im Handelsblatt gelesen...“

Die Verzögerungstaktik

Der Einwand wird positiv bewertet und zu einem späteren Zeitpunkt beantwortet: „Ein wichtiger Aspekt, den Sie da ansprechen. Ich komme gegen Ende meiner Ausführungen auf diesen Punkt im Zusammenhang zu sprechen...“

Das Ausklammern

Bei dieser Einwandtechnik verweisen Sie darauf, daß die angesprochene Sachfrage den Rahmen des Gesprächs sprengen würde. Dies fällt natürlich schwer, wenn Sie nicht in der Einleitung Ihr Thema genannt und abgegrenzt haben.

Die Vorwegnahmemethode

In vielen Fällen kommt es Ihrer Überzeugungskraft zugute, wenn Sie von sich aus die eine oder andere Schwäche der eigenen Position ansprechen. Insbesondere kritische Zuhörer honorieren in der Regel eine zweiseitige Argumentation.

Die Beteiligung anderer Zuhörer

Wenn Sie überfragt sind oder aus taktischen Gründen eine Denkpause benötigen, können Sie in vielen Fällen den Ball zurückspielen. Redewendungen:

„Was meinen Sie zu diesem Apsekt…"
„Bevor ich meine Einschätzung sage, würde mich Ihre Meinung interessieren…"

Nicht vergessen

- Einwände als Chance begreifen
- Zuhören
- Ausreden lassen
- Bedingt zustimmen

Die 10 Gebote guten Zuhörens (nach Davis)

1. *Nicht sprechen.* Man kann nicht zuhören, wenn man spricht!
2. *Den Gesprächspartner entspannen.* Zeigen Sie ihm, daß er frei sprechen kann.
3. *Zeigen Sie, daß Sie zuhören können.* Zeigen Sie Interesse! Verzichten Sie auf andere Tätigkeiten (z.B. Post lesen) während des Gesprächs.
4. *Halten Sie Ablenkung fern.* Versuchen Sie Störfaktoren (offene Tür, Telefonate, Lärm usw.) auszuschalten.
5. *Stellen Sie sich auf den Partner ein.* Versuchen Sie, die Interessen und die Probleme des Partners zu verstehen. (Die Welt mit den Augen des anderen sehen!)
6. *Geduld.* Nehmen Sie sich Zeit. Unterbrechen Sie nicht. Zeigen Sie keine Hetze!
7. *Beherrschen Sie sich.* Lassen Sie sich nicht provozieren, beachten Sie die Regeln des „Fair play". Die gemeinsame Problemklärung und Lösungssuche muß im Mittelpunkt stehen.
8. *Lassen Sie sich durch Vorwürfe und Kritik nicht aus dem Gleichgewicht bringen.* Streiten Sie nicht! Vermeiden Sie, im Gespräch zu siegen. Jeder sollte sein Gesicht wahren können.
9. *Fragen Sie.* Das ermutigt den Partner. Sie zeigen Interesse und führen!
10. *Nicht sprechen.* Dies ist die erste und letzte Regel. Und alle anderen hängen davon ab.

Baustein 9: Unfaire Taktiken erkennen und abwehren

Unfaire Tricks und Winkelzüge stehen häufig einer sachbezogenen und gewinnbringenden Diskussion im Wege. Wie die alltägliche Erfahrung zeigt, ist das Spektrum unfairer Techniken breit, die zugrundeliegenden Beweggründe und Ziele vielfältig. Das gemeinsame Kennzeichen: Ihrem Gegenüber geht es primär nicht um das bessere Argument, um ein gutes Gespräch, sondern darum, vom Thema abzulenken, abzublocken, zu emotionalisieren, zu verunsichern oder Sie zu verwirren.

Bevor Sie weiterlesen, sollten Sie sich kurz fragen, wie Sie sich verhalten, wenn

- Sie persönlich angegriffen werden,
- man Ihnen unlautere Motive unterstellt,
- man Ihnen die Fachkompetenz abspricht,
- Ihr Gegenüber versucht, neue Ideen und Vorschläge mit abwertenden Redewendungen (Killerphrasen) abzuwürgen,
- Ihr Gegenüber seine Argumente mit überhöhter Lautstärke und starkem emotionalem Engagement vorträgt,
- Ihr Gegenüber Meinungen als fundierte Tatsachen hinstellt,
- Tatsachen und abgesicherte Befunde rundweg bestritten werden.

Dieser Baustein macht mit den wichtigsten unfairen Techniken vertraut. Es soll Ihnen helfen, unredliche Spielarten frühzeitig zu erkennen und Abwehrstrategien rasch verfügbar zu haben.

Unfaire Taktiken, Tricks und Winkelzüge

1. Emotionalisierung
2. Bestreiten der Fachkompetenz
3. Meinungen als Tatsachen ausgeben
4. Bestreiten von Tatsachen
5. Taktik des Übertreibens
6. Einzelfälle werden verallgemeinert
7. Konfrontation mit eigener Meinungsänderung
8. Hypothetische Annahmen und Fragen

Abb. 11

Abbildung 11 faßt die wichtigsten taktischen Winkelzüge und Tricks zusammen.

Die Taktiken im einzelnen:

(1) Emotionalisierung.

Anstatt sachlich und fair zu bleiben, versucht Ihr Gesprächspartner, Sie durch gezielte Provokation und Emotionalisierung aus der Reserve zu locken, so daß Sie die Selbstkontrolle verlieren und nicht mehr in der Lage sind, ein überlegtes Urteil abzugeben. Emotionalisierende Taktiken sind:

- Persönliche Angriffe, Beleidigungen, Unterstellen unlauterer Motive und persönlicher Interessen,
- Killerphrasen, mit denen Ihr Gesprächspartner eigentlich gute Vorschläge und Ideen rasch abwürgt. Typische Redewendungen sind:
  „Völliger Unsinn, Ihr Vorschlag..."
  „Wie wollen Sie das als Sekretärin beurteilen können..."
  „Bei uns sieht das doch ganz anders aus..."
  „Diese Neuerungen bringen doch nur Unruhe und kosten Geld..."
  „Glauben Sie mir, es geht auch anders..."

Abwehrmöglichkeiten

- Oberstes Gebot: Ruhe, Gelassenheit und Selbstdisziplin. Lassen Sie sich niemals provozieren. Ihr Kopf muß klar und kühl bleiben. Lassen Sie sich keinesfalls den Grad der Unfairness, die Lautstärke und die emotionale Stimmung vom anderen aufdrängen.

- Machen Sie sich in jedem Falle stark für einen sachbezogenen Dialog und für die Regeln des „Fair play".
  „Ihre Zeit ist genauso knapp wie meine, ist es nicht besser, sachbezogen zu argumentieren? Für sonstige Auseinandersetzungen ist mir ehrlich gesagt die Zeit zu schade!"
- Wenn Ihre Bemühungen nicht fruchten, können Sie die unfairen Taktiken Ihres Gegenübers offen ansprechen und ihm zu verstehen geben, daß Sie seine Fähigkeit zum sachlichen Gespräch bezweifeln.
- Greifen Sie zu unfairen Mitteln, etwa zur Retourkutsche, wenn Sie keinen anderen Ausweg mehr sehen. Dabei sollten Sie allerdings stets weniger unfair sein als Ihr Gegner.
- Bei (berechtigten) Reklamationen ist es in der Anfangsphase günstig zu schweigen und zu warten, bis der andere sich Luft gemacht hat, bis er Dampf abgelassen hat. Hören Sie Ihrem Partner aufmerksam zu, bleiben Sie ruhig, zeigen Sie, daß Sie seine Gesichtspunkte verstehen, und lenken Sie danach die persönlichen Angriffe in eine sachliche Auseinandersetzung um. Sodann durch sachbezogene Rückfragen schrittweise in einen sachlichen Gedankenaustausch zurückzukommen.
- Es bringt in der Regel nichts, wenn Sie auf einen Angriff mit einem Gegenangriff reagieren. Die Emotionen schaukeln sich auf und es wird immer schwerer, das Ganze unter Kontrolle zu halten. Versuchen Sie den Teufelskreis von Angriff und Verteidigung/Gegenangriff zu vermeiden. Sie vergeuden nur Energie und Zeit. Versuchen Sie es mit einem „Argumentations-Judo" (vgl. Fisher/Ury): Schlagen Sie nicht mit gleicher Münze zurück, sondern gehen Sie einen Schritt zur Seite, und lenken Sie den Angriff auf das Problem. Vermeiden Sie wie beim Judo-Kampf, Ihre Kräfte unmittelbar gegen die Kraft der anderen zu setzen. Lassen Sie den Stoß des anderen durch einen Sprung zur Seite ins Leere laufen. Das wichtigste Mittel hierzu: Fragen Sie,

wie Ihr Gegenüber das Problem lösen würde, was seine Ideen sind. Fragen Sie, was der andere tun würde, wenn er in Ihrer Position wäre.

(2) Bestreiten der Fachkompetenz.

Bei dieser Taktik wirft man Ihnen mangelnde Sachkunde und unzulängliche Erfahrung vor, um den strittigen Gegenstand beurteilen zu können. Dies geschieht nicht selten mit dem Hinweis auf Ihre berufliche Tätigkeit oder Ihre Ausbildung.

Abwehrmöglichkeiten

- Lassen Sie sich auf keine Kompetenzdiskussion ein, konzentrieren Sie sich auf Sachargumente.
  „Mir geht es um die besseren Argumente, nicht darum, wer welches Zeugnis oder Zertifikat hat..."
- Sie machen den Gesprächspartner darauf aufmerksam, daß in der heutigen Zeit jeder seine berufliche Spezialisierung und Fachkompetenz hat. Wie er doch auch. Daher lohnt es sich nicht, sich gegenseitig die fachliche Kompetenz abzusprechen.

(3) Meinungen werden als fundierte Tatsachen hingestellt.

Diese Taktik ist vor allem dann beliebt, wenn Ihr Gegenüber erkennt, daß er die schwächeren Sachargumente hat. Derartige „Argumentationen" werden häufig durch inhaltsleere Floskeln eingeleitet wie:
„Es bedarf keiner weiteren Diskussion, daß..."
„Der Fall liegt doch ganz klar..."
„Es besteht kein Zweifel, daß..."
„Wir können mit Sicherheit davon ausgehen..."

Abwehrmöglichkeiten

- Auch hier können Sie die Taktik beim Namen nennen.
- Fordern Sie durch Rückfragen Argumente für die aufgestellten Behauptungen. Wer behauptet, ist immer beweispflichtig!

„Können Sie mir sagen, wie Sie Ihren Standpunkt begründen...“
„Auf welche Informationsquelle stützen Sie sich...“

(4) Tatsachen und abgesicherte Untersuchungen werden rundweg bestritten.

Ziel dieser Taktik: Sie sollen verwirrt, ihre Glaubwürdigkeit und Redlichkeit herabgesetzt werden, unüberlegte Reaktionen sollen provoziert werden.

Beispiele:
„Was Sie da sagen, stimmt überhaupt nicht“;
„Sie sind falsch informiert...“

Abwehrmöglichkeiten

- Durch sorgfältige Vorbereitung die Fakten, Daten und Beweismittel der eigenen Argumentation absichern.
- Ruhig und gelassen Ihre klare und einwandfreie Argumentation vortragen, gegebenenfalls wiederholen.
- Die unfaire Taktik beim Namen nennen.

(5) Taktik des Übertreibens.

Ihr Diskussionspartner übersteigert Ihre Aussage, zum Beispiel die Konsequenzen Ihres Lösungsvorschlags, und versucht so, Sie unglaubwürdig oder lächerlich zu machen. Ein an sich vernünftiger Gedanke wird durch phantasievolle Folgerungen so übertrieben, daß ein ganz unsinniges Ergebnis dabei herauskommt. Beispiel: Sie argumentieren für den Bildungsurlaub. Und der Personalleiter kontert: „Ihnen geht es offenbar nicht um Bildung, sondern um Urlaub. Stellen Sie sich einmal vor, Ihre Kollegen und Kolleginnen schließen sich Ihrem Beispiel an. Dann bilden wir uns alle nur noch weiter und können den Betrieb sofort schließen. Ihr Vorschlag produziert doch nur mehr Arbeitslose..."

Abwehrmöglichkeiten

- Sie können diese unfaire Taktik ebenfalls beim Namen nennen.
- Führen Sie zum Ausgangsproblem zurück, und setzen Sie sich für eine differenzierte Sicht der Dinge ein. Machen Sie sich vorher den Nutzen Ihres Vorschlages für Ihren Gesprächspartner und für das Unternehmen bewußt.
  „Darf ich Ihnen einmal zeigen, welche Inhalte in der Bildungswoche behandelt werden. Sie sehen, da sind doch eine Reihe Themen, die unmittelbar an meinem Arbeitsplatz umsetzbar sind. Thema „Textverarbeitung"..."

(6) Einzelfälle werden verallgemeinert.

Ihr Gegenüber führt einzelne Beispiele, persönliche Erfahrungen und praktische Fälle in die Diskussion ein und kommt dann zu allgemeinen Schlußfolgerungen. Beispiel: „Die Unternehmung Mayer hat ausgesprochen schlechte Erfahrungen mit diesem Personalcomputer gemacht. Und das in verschiedenen Abteilungen. Damit dürfte wohl klar sein, daß dieses System bei uns keine Chance hat."

Abwehrmöglichkeiten

- Wenden Sie sich mit Entschlossenheit gegen diese Taktik, weil ihr ein Denkfehler zugrunde liegt.
  Einzelfälle und Beispiele beweisen nie!
  Sie sind allenfalls geeignet zu erläutern und zu veranschaulichen.
- Verweisen Sie auf Gegenbeispiele, auf anders gelagerte Beispiele und Fälle.

(7) Konfrontation mit eigener Meinungsänderung.

Ihr Gesprächspartner verweist darauf, daß Sie früher eine andere Meinung zum Thema vertreten haben.
„Vor zwei Jahren haben Sie doch eine ganz andere Meinung gehabt...“

Abwehrmöglichkeiten

- Bekennen Sie sich zur eigenen Lernfähigkeit und zur Offenheit für neue Erfahrungen.
- Verweisen Sie darauf, daß sich die Bedingungen grundlegend verändert haben und daß neue – damals nicht vorhersehbare – Entwicklungen eingetreten sind.

(8) Hypothetische Annahmen und Folgen.

Ihr Gegenüber versucht, die Überzeugungskraft Ihrer Argumentation dadurch zu erschüttern, daß er hypothetische Fragen stellt.
„Wenn alle Mitarbeiter im nächsten Monat einen Bildungsurlaub nehmen...“; Stellen Sie sich einmal vor, alle Mitarbeiter wollen auf Betriebskosten eine Zeitschrift abonnieren...“

Abwehrmöglichkeiten

- Sie können diplomatisch nein sagen zur Diskussion hypothetischer Fragestellungen und zu konkreten Problemen zurückkehren. „Ich halte es für nicht sehr wahrscheinlich, daß alle Mitarbeiter einen Bildungsurlaub nehmen. Bei meinem Seminar geht es um...".
- Prüfen Sie den Wenn-Satz oder die eingeführte hypothetische Situation auf Ihre Praktikabilität und ihren Realitätsbezug. Zeigen Sie gegebenenfalls, daß die Annahmen Ihres Gesprächspartners unrealistisch oder unwahrscheinlich sind.

Von ganz entscheidender Bedeutung für Erfolg oder Mißerfolg in der Argumentation ist die Frage, wer das Gesetz des Handelns auf der eigenen Seite hat.

Das Gesetz des Handelns beachten

Die folgenden Praxishilfen erleichtern es Ihnen, nicht zweiter Sieger im Gespräch zu sein, nicht von anderen dominiert und beherrscht zu werden:

- Nehmen Sie Einfluß auf die Zielsetzung und Themen der Diskussion, und behalten Sie diese Kriterien konsequent im Auge.
- Prüfen Sie während der Argumentation, ob der „rote Faden“ noch erkennbar ist. Versuchen Sie gegebenenfalls das Thema zu wechseln.
- Geben Sie Ihrem Gegenüber offen und ehrlich Feedback, d.h. Rückmeldung, wenn er sich nicht kooperativ verhält:
  - „Ich habe nicht verstanden, worum es Ihnen in der Sache geht...“
  - „Sie lassen mich nicht ausreden...“
- Vielredner freundlich, aber bestimmt unterbrechen.
- Fragetechnik einsetzen.
  „Entschuldigen Sie, mir ist nicht klar, worauf Sie hinauswollen...“.
  Wer fragt, der führt!
- Wenn die Gegenseite das Thema wechseln will, oder Sie auf die Eisfläche ziehen möchte, können Sie argumentativ nein sagen. Dies ist auch hilfreich, wenn man Ihre Zeit stehlen will (Bürotourismus).
  „Dazu möchte ich im Moment nichts sagen...“
  „Ich muß das noch mit der Abteilung X abstimmen.“
- Die Meinung und die Ausführungen des anderen anzweifeln, den anderen verunsichern
- Fordern Sie konsequent für jede Behauptung einen Beweis
- Diskussionspartner mit Schlüsselwörtern, Auslösern aus der Reserve locken, ihn lenken

- Prüfpunkte vorher zurechtlegen
- Bleiben Sie konsequent, beachten Sie immer das Thema, das Ziel des Gesprächs, die zeitlichen Möglichkeiten, und werden Sie aktiv, wenn der „rote Faden" nicht mehr erkennbar ist
- Wenn Sie das Wort haben, lassen Sie sich nicht unterbrechen. „Bitte lassen Sie mich ausreden, ich habe Sie auch nicht unterbrochen."

Nicht vergessen

- Unfaire Spielarten erkennen
- Ruhe, Gelassenheit
- Die Sache im Mittelpunkt
- Sich nicht emotionalisieren lassen
- Agieren und nicht reagieren

Baustein 10: Gespräche führen

Sie führen täglich eine Reihe von Gesprächen, sei es, daß Sie selbst die Initiative dazu ergreifen, sei es, daß Sie an Gesprächen teilnehmen, die andere veranlaßt haben.

In jedem Falle kommt es darauf an, alle Chancen zu nutzen, um die eigenen Ziele und Interessen zu verwirklichen.

Dies gilt für alle Gesprächsvarianten, die im Sekretariat eine Rolle spielen:

- Problemklärungs- und
- Problemlösungsgespräche,
- Motivationsgespräche,
- Kritikgespräche,
- Telefongespräche (siehe Baustein 12).

Dieser Baustein stellt allgemeine Regeln für gute Gespräche auf und zeigt Ihnen, wie Sie Kritikgespräche führen.

Regeln für die Gesprächsführung

Eine doppelte Zielsetzung sollten Sie in jedem Gespräch bedenken:

(1) Effizienz in der Sache
(Kriterium: Ist das Problem gelöst? Habe ich mein Sachziel erreicht?)

(2) Zufriedenheit des Gesprächspartners
(Kriterium: Ist mein Gegenüber zufrieden mit dem Verlauf und dem Ergebnis des Gesprächs?)

Ob Ihr Partner das Gespräch zufriedenstellend erlebt, hängt vor allem von den folgenden Voraussetzungen ab:

- partnerschaftliche Grundhaltung/Wertschätzung zeigen (Ihr Gegenüber muß sich als Mensch akzeptiert fühlen)
- Grad der Aktivierung des Partners. Ein gutes Gespräch ist keine Einbahnstraße, sondern ein Geben und Nehmen (Sieg-Sieg-Modell)
- Klarheit und Eindeutigkeit der Zielvereinbarung
- aktives Zuhören
- Einsicht des Partners in den Sinn des Gesprächs
- Verständlichkeit Ihrer Ausführungen
- positiv-freundliche Körpersprache
- günstige äußere Rahmenbedingungen (zeitlich und räumlich).

Vermeiden Sie:

- unsteten Blickkontakt
- Distanzverhalten und Dominanzgebärden
- Extreme in der Stimmlage
- Ironie
- schulmeisterhaftes Verhalten
- unfaire Taktiken und Emotionalisierungen

Tips für die Vorbereitung

Wenn vom Gespräch viel abhängt und Ihre Zeit dies zuläßt, sollten Sie sich gewissenhaft vorbereiten und die beste Strategie (= Weg zum Ziel) festlegen.

Eine gute *Gesprächsvorbereitung* lohnt sich in verschiedener Hinsicht:

- Ihre Erfolgschancen steigen,
- Sie müssen sich nicht allein auf ihre Intuition verlassen,

- Sie können Gegenargumente und Einwände besser beherrschen,
- Sie erkennen mögliche Schwachstellen Ihres Standpunkts bereits vorher,
- die Vorbereitung fördert die Selbstsicherheit.

Was Sie vorher durchdenken sollten:

Ist das Gespräch notwendig?

Was möchte ich erreichen

- minimal?
- maximal?

(Schreiben Sie Ihre Zielsetzung auf!)

Wie gehe ich am besten vor, um dieses Ziel zu erreichen?

- Wer ist mein Gesprächspartner, was will er erreichen? Was ist für ihn wichtig, wo liegt sein Interesse?
- Wie möchte ich das Gespräch beginnen?
- Wie kann ich Aufmerksamkeit und Interesse wecken?
- Was sind meine wichtigsten Argumente?
- Kann ich Hilfsmittel einsetzen? Grafische Darstellungen, Block und Bleistift, schriftliche Materialien, Referenzen, Zahlen, Prospekte usw.
- Mit welchen Einwänden muß ich rechnen, und wie gehe ich mit den Einwänden am besten um?

> *Denken Sie daran: Es fällt in der Regel leichter, Einwände „emotional zu beherrschen“, wenn man sie vorher in Erfahrung gebracht hat.*

- Wie lange soll das Gespräch dauern? Ist der Zeitpunkt günstig?
- Legen Sie ein *Rückzugsziel* fest für den Fall, daß Sie aufgrund nicht vorhersehbarer Umstände oder Widerstände beim Gesprächspartner ihr Ziel nicht erreichen können.
- Planen Sie den *Gesprächsablauf* mindestens hinsichtlich:
  Gespräch eröffnen
  Informationen geben
  Informationen einholen/erfragen
  Gesprächsabschluß
  Folgevereinbarung

Gesprächseröffnung

Denken Sie bei der *Gesprächseröffnung* an das „Gesetz des ersten Eindrucks". Ihr Ersteindruck („primacy effect") und Ihre ersten Sätze entscheiden maßgeblich darüber, wie interessant Sie Ihrem Gegenüber erscheinen und ob der andere gewillt ist, Ihnen die notwendige Zeit und Aufmerksamkeit zu schenken.

Dies hängt damit zusammen, daß der Mensch ein „Erlebniswesen" ist. Alles, *was* Sie sagen und *wie* Sie es sagen, wird erlebt, wird gefühlsmäßig eingeordnet. Tun Sie daher alles, was Zutrauen und Sympathie fördert und Mißtrauen und Antipathie entgegenwirkt.

Bei einem negativen Erst-Eindruck wird Ihre anschließende Argumentation nur zu leicht in Frage gestellt und kritisiert.

Was Sie für einen guten ersten Eindruck tun können

- Entspannen Sie sich vor dem Gespräch (nur wenn Sie locker und positiv gestimmt sind, ist ein gutes Gespräch möglich).

- Bemühen Sie sich um eine freundlich-positive Begrüßung.
- Suchen Sie lächelnd Blickkontakt.
- Prüfen Sie unauffällig Ihren Partner. Aus Haltung, Gang, Mimik, Begrüßungsformel können Sie ablesen,
  - ob seine emotionale Verfassung für Ihr Vorhaben günstig ist,
  - ob er Sie als gleichberechtigt betrachtet,
  - ob Sie mit ihm auf einer Wellenlänge liegen.
- Nach der Begrüßung kurz über allgemeine Dinge reden. Benutzen Sie „Schlüsselworte“ und „Auslöser“ (Interessen, Urlaub o.ä.), um beim Gegenüber angenehme Emotionen zu wecken. Schaffen sie vor allem bei ängstlichen, verschüchterten Gesprächspartnern dadurch ein psychologisches Ventil.
- Lassen Sie in der Phase des Kennenlernens eher den Gesprächspartner reden, das wirkt sympathisch.
- Zeigen Sie, daß Sie zuhören können.
- Nennen Sie öfters den Namen des Gegenübers.
- Vereinbaren Sie bei längeren Gesprächen mit Ihrem Gegenüber den Gesprächsablauf/Fragen Sie ggf. nach der verfügbaren Zeit.
- Wenn Ihr Gesprächspartner unter Zeitdruck steht, sollten Sie sofort zur Sache kommen.
- Eröffnen Sie ein Gespräch auch dann positiv, wenn Sie etwas Unangenehmes zu sagen haben.

Ziel einer gelungenen Gesprächseröffnung muß es sein, ein Stück *Vertrauen aufzubauen* und eine *emotionale Brücke* zum Gegenüber herzustellen.

Informationen geben/Informationen holen

- Bedenken Sie die Regeln fairer Argumentation (Baustein 5).
- Sichern Sie ein Ineinandergreifen der Beiträge.

- Gehen Sie auf Ihren Gesprächspartner ein.
- Lassen Sie ihn ausreden.

Bei Vielrednern:

- Einhaken bei Atempausen oder am Satzende.
- Freundlich auf begrenzte Zeit hinweisen.
- Gezielte Fragen stellen.
- Auf den Ablauf des Gesprächs Einfluß nehmen.

- Zeigen Sie Mut zur Pause.
- Setzen Sie Rückfragen zu Ihrer eigenen Verständniskontrolle ein.

- Beachten Sie die ökonomische Behandlung des Gesprächsgegenstandes.
  - Konzentrieren Sie sich auf die wesentlichen Punkte.
  - Lassen Sie sich durch Bla-bla-Themen nicht vom roten Faden abbringen.

- Legen Sie sich einen Fragenkatalog zurecht.
- Fassen Sie Teilergebnisse und das Gesamtergebnis zusammen.

Gesprächsabschluß

- Achten Sie auf Abschlußsignale, also darauf, ob der Gesprächspartner durch Körpersprache oder Redewendungen signalisiert, daß er Ihnen entgegenkommt oder einverstanden ist.
  Abschlußsignale sind zum Beispiel, wenn ihr Partner
  - nach Einzelheiten fragt,
  - nach den Erfahrungen anderer/Referenzen fragt,
  - offen zustimmt,
  - die Distanz verringert,
  - freundliche Gesten zeigt.
- Der Partner soll möglichst zufrieden aus dem Gespräch entlassen werden. Also unangenehme Mitteilungen niemals am Ende, sondern in der Gesprächsmitte bringen.
- Auch wenn Sie Ihre Ziele nicht voll erreicht haben, sollte das Gespräch positiv ausklingen. Fassen Sie das Ergebnis in zwei oder drei Sätzen zusammen.
- Vereinbaren Sie Folgeaktivitäten. Wer tut was bis wann und wie?
- Denken Sie an das Gesetz des letzten Eindrucks („recency effect"). Tun Sie alles, um beim Gesprächspartner in guter Erinnerung zu bleiben. Der „Letzteindruck" prägt sich – wie der „Ersteindruck" – besonders nachhaltig ein.

Merkpunkte zur Nachbereitung

- Machen Sie sich – bei wichtigen Gesprächen – sofort nach Gesprächsabschluß Notizen über Inhalt, Verlauf und Ergebnis, aber auch über Ihren Gesprächspartner.
- Analysieren Sie die Art und Weise Ihrer Argumentation und Einwandbehandlung. Wo tauchten Schwierigkeiten auf? Was lief gut? Was können Sie in Zukunft besser machen?

Diese Kriterien sind – wenngleich mit anderer Schwerpunktbildung – auch zu berücksichtigen, wenn Sie Kritikgespräche führen. Dies kann z.B. notwendig sein, wenn

- eine Kollegin Körpergeruch hat,
- ein Kollege Unwahrheiten verbreitet,
- vereinbarte Termine nicht eingehalten werden.

Kritikgespräche „richtig" führen

Allgemein gilt:

- Vor dem Gespräch: genau die Tatsachen prüfen (Ist die Kritik sachlich berechtigt? Zuhöreranalyse (Wie muß ich vorgehen, um die erwünschte Wirkung zu erzielen?)
- Das Gespräch nicht in Erregungsphasen führen
- Offene und ehrliche Grundhaltung
- Kritik sollte sachlich sein
- Nicht die Person, sondern das konkrete Verhalten steht im Mittelpunkt
- Kritik direkt an den Betroffenen, nicht über Dritte

- Vier-Augen-Prinzip beachten
- Kritik nicht immer wieder aufwärmen
- Kritik nur an Dingen, die der einzelne ändern kann
- Entschuldigen Sie sich nicht für das Kritikgespräch
- Keine Vermutungen, sondern nur sichere Fakten bringen
- Vermeiden Sie Wörter wie „immer“, „nie“...
- Kritikgespräch mit einer für den Betroffenen positiven Aussage beginnen
- Die Kritik sollten Sie *nicht*: öffentlich, persönlich, ironisch, übertrieben, verletzend, strafend, entmutigend, *sondern*: unter vier Augen, sachlich, fair, angemessen, helfend, ermutigend vorbringen.
- Dem Gesprächspartner Gelegenheit zur Antwort, Stellungnahme oder Rechtfertigung geben.
- Das Gespräch mit einer positiven Aussage ausklingen lassen.
- Bedenken Sie: Es liegt wohl im Wesen des Menschen, auf Kritik zunächst mit Abneigung („sauer“) oder mit Aggression zu reagieren.
- Kritisierte sehen die Kritik häufig rational ein, ihr Selbstwertgefühl sträubt sich aber dagegen.
- Es ist eine Kunst, die trainiert werden muß, „Kritik“ so zu verkaufen, daß das Selbstwertgefühl erhalten bleibt und die Ziele des Kritikgesprächs erreicht werden.
- Bedenken Sie: Wenn Sie einem Partner eine Niederlage beibringen, wird er häufig zu einem negativen Multiplikator Ihres Ansehens.

Vorgehen beim Kritikgespräch (Phasenkonzept)

1. *Gesprächseröffnung*
   Kontakt herstellen:
   – persönlich
   – sachlich
2. *Situationsanalyse*
   – Dem Partner sagen, was man festgestellt hat
   – Den Partner Stellung nehmen lassen
   – Dem Partner sagen, inwiefern man ihn versteht
   – Dem Partner zeigen, was er nicht bedacht hat
3. *Lösungsversuche*
   – Gemeinsam nach Lösungen suchen
   – Das künftige Verhalten konkret und eindeutig vereinbaren
4. *Positiver Ausklang des Gesprächs*

Nicht vergessen

- Ziel und Vorgehen bedenken
- Mini-Max-Ziele
- Wertschätzung zeigen
- Klima schaffen
- Freundlich und liebenswürdig bleiben
- Konsequent in der Sache

Baustein 11: In Diskussionen bestehen

Fast täglich nehmen Sie, mehr oder weniger gewollt, an Diskussionsrunden teil. Das heißt, Sie erörtern mit anderen kontroverse Themen. Denken Sie im beruflichen Bereich an Auseinandersetzungen in Arbeitsgruppen, am Mittagstisch, nach einem Vortrag oder in Seminaren.

Darüber hinaus ist Ihr Argumentationsgeschick bei den vielfältigen Diskussionen im außerberuflichen Alltag gefragt: bei Streitgesprächen im Freundeskreis und in der Familie; in Versammlungen und Vereinen...

Die folgenden Überlegungen wollen Ihnen helfen,

- nicht passiv, sondern aktiv
- nicht defensiv, sondern offensiv

- nicht ängstlich, sondern mutig
- nicht gehemmt, sondern selbstsicher

an Diskussionen teilzunehmen.

Drei Fragen werden beantwortet:

- Wie leite ich Diskussionsrunden?
- Wie finde ich als Teilnehmer den richtigen Einstieg?
- Wie kann ich meine Beiträge wirkungsvoll formulieren?

Diskussionen leiten

Als Leiter eröffnet man mit
- Anrede, Begrüßung
- einem attraktiven Einleitungsgedanken,
- Themenformulierung und -abgrenzung,
- Darlegung der Regeln und der Vorgehensweise (Zeit, Szenario...),
- Aufforderung (reihum) an die Teilnehmer, ihren Standpunkt darzulegen; bei Pro-Kontra-Debatten, zunächst der Sprecher der Pro-Seite, sodann der Sprecher der Kontra-Seite.

Haben die Teilnehmer/die Sprecher der Parteien ihre Eröffnungsstatements abgegeben, beginnt der Leiter mit einer Impulsfrage die eigentliche Diskussion. Er wählt hierzu ein Thema/einen Aspekt, den er diskutiert sehen möchte.

Im weiteren Verlauf der Diskussion

- erteilt er den Teilnehmern abwechselnd das Wort,
- achtet er auf das Einhalten des Regelwerks,

- greift er ein, wenn sich ein Sprecher nicht ans Thema hält, seine Redezeit überschreitet oder beleidigend wird,
- gibt er Zwischenresümees,
- läßt er die Teilnehmer in der Reihenfolge der Meldungen zu Wort kommen,
- fördert er die Diskussion durch neue Aspekte/provokante Beispiele usw.,
- spricht er die Teilnehmer angemessen oft mit ihrem Namen an,
- hört er aktiv zu und gibt Verständnishilfen,
- vermittelt er zwischen den Teilnehmern,
- bezieht er auch die weniger aktiven, zurückhaltenden Teilnehmer mit ein,
- gibt er gegen Ende der vereinbarten Zeit die Möglichkeit zu einem Schlußstatement und
- beendet die Diskussion mit einem kurzen, positiv gestimmten wertfreien Schlußwort.

Fehler des Leiters:

- keine Abgrenzung des Themas,
- mangelhafte Strukturierung der Diskussion,
- zu häufige Intervention (zu sanfte, zu straffe oder zu langatmige Leitung),
- eigene Beiträge zum Thema,
- unpräzise Fragen,
- Übersteuerung (jeder Beitrag läuft über den Moderator),
- keine Zeitvorgaben oder Überschreiten der vereinbarten Zeit,
- parteiisches Verhalten,
- mangelhafte Abwehr von Angriffen gegen seine Autorität,
- sorgt nicht für eine ungefähre Gleichverteilung der Worterteilungen (nach Zahl und Dauer).

Den richtigen Einstieg finden

Beteiligen Sie sich früh an der Diskussion. Je länger Sie mit Ihrer ersten Wortmeldung warten, um so schwieriger wird es. Es kann sein, daß sich Abbruchgedanken einstellen, die in „innere Kündigung" kippen können. Wenn Sie Diskussionen laufen lassen, ohne sich zu beteiligen.

- fühlen Sie sich in der Regel unwohl,
- überlassen Sie anderen die Meinungsbildung,
- stellen Sie sich als profillos dar.

Bedenken Sie auch, daß jede Einflußnahme auf die Diskussionen des Alltags Ihr Selbstvertrauen fördert und Redehemmungen überwinden hilft.

Was können Sie tun?

- Stellen Sie Fragen.
- Prüfen Sie die Behauptungen und Beweismittel. „Mir ist nicht klar, wie Sie Ihre These beweisen wollen..."
- Führen Sie ein neues Argument in die Diskussion ein. Nutzen Sie hierbei die Standpunktformel.
- Entwickeln Sie Argumente weiter. „Ich möchte Ihre Ausführungen um einen Aspekt ergänzen..."
- Machen Sie Vorschläge zum Fahrplan der Diskussion: „Ich möchte ein anderes Thema diskutieren..."
- Achten sie auf den roten Faden. „Wir entfernen uns jetzt vom diskutierten Thema. Wir sollten zu unserer Ausgangsfrage zurückkehren..."
- Geben Sie Zusammenfassungen.
- Bauen Sie Koalitionen auf. „Ich stimme Ihrem Argument vollkommen zu..."

- Äußern Sie Bedenken und Kritik. „Im Prinzip stimme ich Ihnen zu. Was die Durchsetzung allerdings angeht, da habe ich doch erhebliche Zweifel..."
- Zeigen Sie Gemeinsamkeiten auf.
- Machen Sie sich stark für die Regeln des „Fair play" und einen sachlichen Gedankenaustausch,
- Bemühen Sie sich „offensiv" um das Wort. Sie können bei einem interessanten Stichwort einhaken („Ihr Stichwort nehme ich gern auf...") oder ganz einfach um das Wort bitten („Ich möchte zu dem Thema gern meine Meinung sagen/einen Gesichtspunkt beisteuern...").

Zielgerichtet argumentieren

- Nutzen Sie die Vorteile der Fünfsatztechnik (siehe Baustein 6) Was Sie mindestens beachten sollten:
  Situativer Einstieg
  Argumentation mit Beweismitteln (Fakten, Daten, Beispielen...)
  Zielsatz und Appell
- Begrenzen Sie Ihre Wortmeldung möglichst auf 30 bis 40 Sekunden.
- Lassen Sie sich das Wort nicht nehmen. „Bitte lassen Sie mich ausreden. Sie haben eben Ihre Meinung auch äußern können."
- Unfaire Taktiken sollten Sie früh erkennen und abwehren.
- Einwände sollten Sie immer kooperativ und so behandeln, daß Ihr Gesprächspartner sein Gesicht wahren kann.

Fehler vermeiden

- Zu langes Sprechen.
- Ungenaues Zuhören, das die Mängel („Löcher", „Schwachstellen") der Gegenargumentation nicht erkennt.
- Zu viele Fremdwörter und zu viel Information, schlechte Rhetorik.
- Verkennen der Interessen, Erwartungen, Stimmungen, der Vorurteile, Erfahrungen und Denkmuster der Menschen, auf die man sympathisch wirken will.
- Isolierte Beiträge, die nichts mit der vorhergehenden Diskussion zu tun haben.
- Mangelhafter Einsatz von Beispielen.
- Zu wenig oder zu viel Aggressivität.
- Unzureichende Vorbereitung, die nur die Eigengründe, nicht aber die Gegengründe bedenkt. Wichtig ist die gedankliche Vorwegnahme der schärfsten denkbaren Einwände und geeigneter Gegenstrategien („Advocatus Diaboli").

Nicht vergessen

- Sei aktiv!
- Früh beteiligen
- Kurze Beiträge
- Sach- und Beziehungsebene beachten
- Wirkungsvolle Selbstdarstellung

Baustein 12: Telefonieren

80 PHON-AUTORITÄT

Sie erinnern sich an unser Kommunikationsmodell auf Seite 21. Die Überlegungen zur Sach- und Beziehungsebene gelten im Prinzip auch für das Telefonieren. Eine Einschränkung ist jedoch insofern zu machen, als körpersprachliche Signale nicht wahrgenommen werden können. Telefonieren ist in dieser Hinsicht Kommunikation unter eingeschränkten Bedingungen.

Wenn Sie telefonieren,

- vermitteln und erhalten Sie Informationen (*Sachaspekt*),
- stellen Sie sich selbst dar (*Persönlichkeitsaspekt*),
- sagen Sie etwas aus über Ihre Beziehung zum Gesprächspartner (*Beziehungsaspekt*),
- wollen Sie bestimmte Ziele erreichen (*Zielaspekt*).

Sie werden bei Telefonaten um so wirkungsvoller sein, je besser es Ihnen gelingt,

- *Ihre Sachziele zeitsparend zu erreichen*
  und
- *den Erwartungen und Bedürfnissen des Partners* Rechnung zu tragen.

Sie sollten deshalb gleichermaßen darauf achten, *was* Sie sagen und *wie* Sie etwas sagen. Von entscheidender Bedeutung ist hierbei der Ton, die *psychologische Qualität* ihrer Stimme und Ihr stimmlicher Ausdruck.

Die Gefühlslage erkennt der Gesprächspartner an der Stimmlage. Wissenschaftliche Untersuchungen weisen darauf hin, daß man bereits nach wenigen Sätzen eindeutig die Stimmung des Gesprächspartners erkennen kann. Offenbar übertragen sich Sympathie und Wertschätzung genauso wie Aggressivität, Engagement oder Gleichgültigkeit auf den Klang der Stimme, das

Sprechtempo, die Lautstärke, den Tonfall, die Wortwahl und die Körpersprache.

Achten Sie darauf, daß sich negative Emotionen, die Sie aus anderen Bereichen (Ärger mit Kollegen; Streß...) mitbringen, nicht auf das Telefongespräch übertragen.

George Walther, Autor des Buchs „Phone Power", gibt zur Kontrolle des eigenen Verhaltens eine einfache Empfehlung:

Stellen Sie sich einen Spiegel auf den Schreibtisch und beobachten Sie sich beim Telefonieren. Ihre Gestik und Mimik signalisiert mehr oder weniger eindeutig Ihre Stimmungslage. Und nicht selten wird man Frust über ein vorausgegangenes Gespräch oder Ärger mit Kollegen in ein folgendes Telefonat mit hineinnehmen.

Bei negativen Emotionen ist es ratsam, eine kurze Pause zu machen und durch positives Denken und ein Lächeln die innere Einstellung zu verändern.

Walther weist zudem auf die Gefahr einer zu legeren Körperhaltung hin:

- Bei einer zu lässigen Haltung leidet die Konzentration und der Ernstcharakter des Gesprächs.
- Zudem wird die Anfertigung von Notizen erschwert.
- Achten Sie auch auf Ordnung am Arbeitsplatz, damit Sie die Unterlagen direkt verfügbar haben.

Sie profitieren bei eigenen und erwarteten Anrufen von einer sorgfältigen Vorbereitung:

Checkliste für die Vorbereitung

1. Welches Gesprächsziel strebe ich an?
   - Was will ich vom anderen erfahren?
   - Welche Informationen will ich ihm geben?
   - Was soll der Gesprächspartner nach dem Telefonat tun?
   - Welche Einstellung will ich verändern?
2. Welche *Unterlagen* benötige ich?
3. Wer ist mein *Zuhörer,* was muß ich beachten?
   - Welche Bildungsvoraussetzungen/welchen Wissensstand hat mein Gegenüber?
   - Welche Ziele und Interessen wird er verfolgen?
   - Welche Einwände wird er bringen/Wie werde ich reagieren?
   - Wann ist die günstigste Zeit aus Sicht des Partners?
   - Ist die Telefonnummer mit Durchwahl bekannt?
4. Wie gehe ich im *einzelnen* vor?

Phasen-Konzept für das Vorgehen

4.1 *Gesprächseröffnung*

Ziel: persönlichen Kontakt herstellen (Aufhänger zurechtlegen!)
sachlichen Kontakt herstellen (Worum geht es?)

Sie haben die Möglichkeit, formell zu eröffnen oder, um Atmosphäre zu schaffen, ein paar persönliche Worte zu wechseln.

4.2 *Gesprächspunkte behandeln*

Ziel: Informationen erfragen! (Fragetechnik einsetzen)
Informationen geben
Argumentieren/Einwände behandeln

4.3 *Gespräch beenden*

Ziel: Gesprächsergebnis knapp zusammenfassen
Folgeaktivitäten abklären
(Wer tut was bis wann und wie?)
Gespräch positiv ausklingen lassen

Nach dem Gespräch

- Komplettieren Sie Ihre Gesprächsnotiz.
- Veranlassen Sie sofort, was zu tun ist (Informationen weitergeben, Briefe schreiben, Termine beachten...)
- Denken Sie einige Sekunden darüber nach, wie das Gespräch gelaufen ist, was gut war, und was Sie das nächste Mal verbessern wollen.
- Prüfen Sie auch, ob die Dauer des Gesprächs angemessen war.

Ergänzende Praxishilfen (vgl. Saul):

(1) Zeigen Sie Wertschätzung

- Lächeln Sie. Eine lächelnde Grundhaltung hilft, ein positives Klima aufzubauen.
- Verwenden Sie den Namen Ihres Gegenübers.
- Achten Sie auf Gleichgewicht im Gespräch. Ein gutes Gespräch ist Zweiweg-Kommunikation mit etwa gleichen Gesprächsanteilen.
- Denken Sie positiv.
- Zeigen Sie, daß Sie Ihren Gesprächspartner ernst nehmen.
- Vermeiden Sie Streitgespräche.
- Keinen Telefonjargon verwenden („Ich lege Sie um...").
- Anrufer nicht zu lange warten lassen, lieber zurückrufen.

- Höflichkeit und Freundlichkeit zu jedem Zeitpunkt.
- Während des Gesprächs nicht essen, rauchen, trinken.

(2) Sichern Sie ein Ineinandergreifen der Beiträge
(siehe Baustein 11)

- Beherrschen Sie das Buchstabieralphabet.
- Zeigen Sie Mut zur Pause.
- Setzen Sie Rückfragen zu Ihrer eigenen Verständniskontrolle ein.
- Verstärken Sie gegebenenfalls die Beiträge Ihres Partners durch Türöffner.
  - hmhm
  - „Das ist sehr wichtig…"
  - „Ein interessanter Punkt…"

(3) Beachten Sie die ökonomische Behandlung des Gesprächsgegenstands

- Konzentrieren Sie sich auf die wesentlichen Punkte.
- Lassen Sie sich durch Bla-bla-Themen nicht vom roten Faden abbringen.
- Legen Sie sich einen Fragenkatalog zurecht.
- Wenn Sie einen Punkt nicht klären können, stellen Sie ihn zurück, und gehen Sie zum nächsten Punkt über.
- Fassen Sie Teilergebnisse und das Gesamtergebnis zusammen.

Nicht vergessen

- Positives Klima schaffen
- Vorbereitung
- Gleichgewicht im Gespräch
- Effizienz und Zufriedenheit beachten
- Lächeln wirkt auch am Telefon

Baustein 13: Besprechungstechnik

Dieser Baustein bringt Ihnen im Sekretariat einen vielfältigen Nutzen:

- Sie erhalten Tips, wie Sie sich bestmöglich an Besprechungen beteiligen.
- Eine differenzierte Checkliste hilft Ihnen, Besprechungen optimal vorzubereiten.
- Sie erfahren, was bei der Protokollgestaltung zu beachten ist.

- Sie können das Know-how anwenden, um selbst Arbeits- oder Lerngruppen zu leiten. Darüber hinaus erhalten Sie Beurteilungskriterien, um eine gute von schlechten Besprechungen unterscheiden zu können.

Warum Besprechungen?

- Die Vorerfahrungen, die Kreativität und die Urteilsfähigkeit aller Beteiligten können zur Lösung von Problemen herangezogen werden.
- Gemeinsam Erarbeitetes kann nach außen überzeugender vertreten werden.
- Besprechungen können die Motivation und Teamfähigkeit der Beteiligten fördern.

Teilnehmer *sind alle*,

- deren Aufgabenbereich durch das Besprechungsthema unmittelbar betroffen ist,
- die über sachdienliche Informationen verfügen,
- die diese Informationen für Ihre Aufgabenerfüllung benötigen.

Was der Moderator/Besprechungsleiter bedenken sollte:

(1) Betrachten Sie die Teilnehmer in Besprechungen nicht nur als „Problemlöser" oder als „Informationsträger", denen es ausschließlich um die Bewältigung von Sachfragen geht. Die Besprechungsteilnehmer haben immer *auch emotionale und soziale Bedürfnisse* und persönliche Ziele, die sie – mehr oder weniger stark – bei der Verfolgung der Sachziele verwirklichen wollen. Beispiele für solche Bedürfnisse sind Anerkennung, Prestige, Image, Macht usw.

Besprechungen und Diskussionen werden in der Regel um so erfolgreicher sein, je mehr es dem Besprechungsleiter gelingt,

– *Sachziele anzusteuern und gleichzeitig*
– *individuelle Bedürfnisse der Teilnehmer zu berücksichtigen.*

Wichtig: eine Besprechung ist Teamarbeit und keine Einbahnstraße, wo der Leiter in Vortragsform Informationen gibt und die Zuhörer passiv bleiben. Faustregel: Der Leiter sollte nicht mehr als 15 bis 20 Prozent der gesamten Redezeit in Anspruch nehmen.

(2) Daraus folgen *zwei Grundfragen.* Der Besprechungsleiter sollte

– erstens das Erreichen des Sachziels durch geeignete Lenkungstechniken fördern (zielwirksames Handeln auf der Sach-Ebene),
– zweitens auf der Beziehungsebene dafür sorgen, daß die Teilnehmer motiviert sind und auch Gelegenheit erhalten, emotionale Bedürfnisse zu befriedigen.

(3) Die *Zielsetzung* (Formalziel) muß klar und eindeutig definiert und jedem Teilnehmer bewußt gemacht werden. Für die Praxis wichtige Zielvorstellungen sind:

– Problembewußtsein schaffen und informieren (etwa im Vorfeld einer technischen Neuerung),
– Angleichung des Wissensstandes,
– Lageanalyse mit Bestimmung der Kernprobleme und Ursachen,
– Erarbeitung alternativer Lösungsvorschläge,
– Meinungs- und Konsensbildung,
– Förderung von Interesse und Verantwortung für ein Aufgabengebiet („Wir-Gefühl" und Loyalität entwickeln),
– Entscheidung herbeiführen.

(4) Prüfen Sie, ob die Bedeutung von Zielsetzung und Besprechungsgegenstand eine Besprechung (und die dadurch verursachten Zeitkosten) rechtfertigt:

Kann das Besprechungsziel durch Korrespondenz oder Telefonate erreicht werden? Kann die Besprechung durch eine Entscheidung des Verantwortlichen ersetzt werden? Ist es möglich, die Zusammenkunft zu verschieben oder mit einer anderen Besprechung zu kombinieren? Ist es notwendig, daß Ihr Chef oder Sie teilnehmen?

(5) Eine Lenkung der Besprechung ist um so wichtiger,

- je mehr die Zeit drängt,
- je mehr Teilnehmer vorhanden sind,
- je schlechter der Informationsstand der Teilnehmer und
- je strittiger das Thema ist.

(6) Lenkungstechniken auf der Sach-Ebene (vgl. Saul)

Sachziel ansteuern

- Sorgfältige Vorbereitung
- Thema abgrenzen und Ziel eindeutig fixieren
- Sicherstellen, daß Thema und Ziel von den Teilnehmern verstanden wurden
- Teilergebnisse zusammenfassen
- Unterschiedliche Meinungen gegenüberstellen/Gemeinsamkeiten herausarbeiten
- Sorgfältig zwischen Behauptung und Beweismitteln unterscheiden
- Auf das Ziel hinweisen/„roter Faden“
- Unwesentliches aussondern
- Besprechungen strukturieren (nach Teilthemen, Aspekten, Fragen)

Regelwerk beachten

- Ablauf steuern (Vorgehen mit der Gruppe abstimmen; Zeitplan und Pausenregelung ggf. absprechen)

- Worterteilung in der Reihenfolge der Meldungen und nach inhaltlichen Gesichtspunkten
- Worterteilung zum Verfahren hat Vorrang
- Auf die verfügbare Zeit achten
- Protokollierung organisieren

Effizienz der Argumentation fördern

- Mögliche Sacheinwände abschätzen
- Fragetechnik einsetzen, um das Ideen-Potential und die Erfahrungen der Teilnehmer zu aktivieren
- Mittel zur Veranschaulichung einsetzen (Pin-Wand und Kärtchen-Methode; Flip-chart o.a.)
- Kreativ-Techniken gegebenenfalls nutzen
- Definitionen erfragen
- Lösungsvorschläge anhand differenzierter Prüfkriterien beurteilen lassen (z.B. nach Realisierbarkeit, Finanzierbarkeit, Durchsetzbarkeit)
- Verständnishilfen geben; aktiv zuhören; Unverständliches erklären lassen
- Ineinandergreifen der Beiträge sichern
- Teilergebnisse und Gesamtergebnis zusammenfassen
- Folgeaktivitäten der Besprechung beachten

(7) Lenkungstechniken auf der Beziehungs-Ebene

Wertschätzung zeigen

- Teilnehmer angemessen oft mit Namen ansprechen
- Blickkontakt halten
- Prinzip des umkehrbaren Verhaltens beachten, d.h. A geht mit B so um, wie er möchte, daß B auch mit ihm selbst umgeht
- Aufmerksam zuhören
- Teilnehmer möglichst nicht unterbrechen (Ausnahme: Vielredner)
- Bei Widerspruch zunächst die gemeinsamen Punkte herausstellen
- Dem Geltungsbedürfnis der Teilnehmer Rechnung tragen
- Bei auftretenden Konflikten darf niemand sein Gesicht verlieren
- Unfaire Taktiken im Keim ersticken

Teilnehmer aktivieren

- Offene Fragen ansprechen
- Fragen an die Gruppe zurückgeben
- Gruppenleistung anerkennen; den erreichten Erfolg bewußt machen
- Sachautorität wenn möglich delegieren
- Vorteile/Nachteile für das Aufgabengebiet der einzelnen Teilnehmer ansprechen
- Gemeinsames Interesse am Besprechungsgegenstand herausstellen
- Vor-Erfahrung der Teilnehmer einbeziehen

Gleiche Beteiligungsmöglichkeiten sichern und Verständnishilfen geben

- Inhalt unklarer Begriffe präzisieren helfen
- Schwierige Begriffe selbst definieren
- Schlüsse/Folgerungen ziehen helfen
- Im Meinungsstreit unterlegene und zurückhaltende Teilnehmer ermutigen, um alle wichtigen Gesichtspunkte einbeziehen zu können
- Mit Rückfragen prüfen, ob alle folgen konnten
- Standpunkte klären helfen
- Zu Rückfragen anregen
- Eigene Sprechzeit beachten

Lern- und gedächtnispsychologische Kriterien

- Auf ausreichende Pausen achten
- Das „Gedächtnis für Neues" nicht überfordern
- Neue und schwierige Informationen unter Einsatz von Medien erläutern; Verständlichkeit und Anschaulichkeit in der Sprache sichern; immer die Bedeutung des Neuen für die Probleme und für den Alltag der Teilnehmer herausstellen
- Teilnehmer „lernen" besser, wenn alle Sinnesorgane angesprochen werden (Auge, Ohr, Fühlen u.a.); wenn möglich, die Teilnehmer selbst handeln und Lösungswege finden lassen
- Machen Sie sich bewußt, daß Zuhören noch nicht Verstehen, Verstehen noch nicht Behalten und Behalten noch nicht bedeutet, das Neue auch wiedergeben oder anwenden zu können
- Erfolgserlebnisse ermöglichen
- Die Sicht der Teilnehmer beachten: Welche Einstellungen haben sie zum Thema? Welche Interessen und Ziele verfolgen (vermutlich) die Teilnehmer?

- Ist mit Konfrontation und Konflikten zu rechnen? Welche Lösungen bieten sich an?
- Können Statusunterschiede den Ablauf der Besprechung behindern?
- Sind Konsequenzen und Folgemaßnahme der Besprechung bedacht?

(8) Phasenkonzept für den Ablauf einer Besprechung

Zwischen Eröffnung und Schluß einer Besprechung werden verschiedene Phasen durchlaufen, die zwar nicht scharf gegeneinander abgegrenzt werden können, die aber doch folgerichtig aufeinander aufbauen. In der Praxis kann natürlich eine Beschränkung auf bestimmte Stufen oder eine Erweiterung oder Kombination einzelner Stufen erfolgen. Immer in Abhängigkeit vom Sachthema und von der zugrundeliegenden Zielsetzung.

Ein idealtypisches Phasenkonzept

Phase 1	Eröffnung
Phase 2	Darstellung des Besprechungsanlasses und Angabe des Formalziels; Abgrenzung des Sachthemas
Phase 3	Gesprächs-/Ablaufplanung
Phase 4	Informationssammlung
Phase 5	Informationsverarbeitung
Phase 6	Entwicklung von Lösungsvorschlägen
Phase 7	Entscheidung
Phase 8	Folgevereinbarungen
Phase 9	Abschluß

(9) Weitere Gesichtspunkte, die für das Gelingen einer Besprechung bedeutsam sind:

- Rechtzeitige Einladung der Teilnehmer mit Angaben über: Datum der Besprechung, Beginn und voraussichtliche Dauer, Ort, Name des Leiters, Namen der Teilnehmer (gegebenenfalls Hinweis auf Vertretungsmöglichkeiten), Thema, Problem, Zielsetzung, sonstige Hintergrundinformationen (Exposés, Grafiken u.a.)
- Besprechungsraum überprüfen lassen hinsichtlich Medien und Hilfsmitteln (Flip-chart, Metaplanwände, Projektor, Stecktafeln, Kleinmaterial, Video-Vorführgerät usw.); Namensschilder falls notwendig; Tisch- und Sitzordnung; Größe; Störquellen (Telefon, Straßenlärm u.a.)

Praxishilfen für die Teilnahme an Besprechungen

Bemühen Sie sich als Teilnehmerin darum,

- an der Erreichung der Sachziele mitzuwirken, wobei Sie die Verantwortung für die Interessen Ihres Fachbereichs tragen;
- sich persönlich überzeugend darzustellen. Jede Besprechung ist, wie jede Diskussion und jedes Gespräch, auch immer (verdeckte) Öffentlichkeitsarbeit in eigener Sache. Beachten Sie hierzu die Gesichtspunkte der Rhetorik, Körpersprache und die Kriterien menschlicher Überzeugungskraft.

Ihre persönliche Strategie, um Ihre Forderungen und Argumente/Einwände einzubringen, legen Sie in der Vorbereitungsphase fest.

Bedenken Sie immer, daß *Sie selbst* darüber entscheiden,

- ob Sie etwas sagen wollen,
- wann Sie etwas sagen wollen,
- was Sie sagen wollen und
- wie Sie etwas sagen wollen.

Weitere Empfehlungen zur Förderung der Sache:

- Halten Sie Ihre Beiträge kurz. Konzentrieren Sie sich auf die Sache; achten Sie darauf, ob der „rote Faden“ erkennbar ist und die Erörterung der Zielsetzung dient.
- Wortmeldungen und Diskussionsbeiträge sollten möglichst nicht länger als 30 bis 40 Sekunden sein. Je länger Sie reden, umso größer die Gefahr, Sympathie zu verlieren und Angriffsflächen aufzubauen.
- Bei emotional belasteten Themen ist es ratsam, sich nicht als erster zu Wort zu melden. Dies bringt nämlich die Gefahr mit sich, daß Sie Einwände und Kritik auf sich ziehen. Der Vorteil einer frühen Wortmeldung liegt allerdings darin, daß Sie Einfluß auf die Richtung der Diskussion nehmen können.
- Akzeptieren Sie die Autorität des Leiters. Sprechen Sie nur, wenn Sie das Wort bekommen, beantworten Sie Fragen kurz und präzise. Vermeiden Sie Machtkämpfe mit dem Leiter.
- Halten Sie sich an die vereinbarten Regeln und an die vorgegebene Zeit.
- Gehen Sie kooperativ mit Einwänden um, und vermeiden Sie Streitgespräch und Emotionalisierung.
- Versuchen Sie, durch die Qualität Ihrer Beiträge und durch eine konstruktiv-positive Grundhaltung aufzufallen.
- Verzichten Sie darauf, anderen Teilnehmern der Besprechung eine Niederlage beizubringen. Erlittene Niederlagen wirken nach und können in Form aggressiver Angriffe zurückkommen.

- Versuchen Sie, ganz bei der Sache zu sein und auch durch kommunikative Fähigkeiten positiv auf sich aufmerksam zu machen.

Wodurch Sie die Kommunikation fördern:

- Lassen Sie andere ausreden.
- Verzichten Sie auf Wortmeldungen aus Prestigegründen.
- Halten Sie die Regeln des „Fair play" ein.
- Zeigen Sie sich offen für die Meinung anderer Fachbereiche; es geht ja letztlich um die beste Lösung für das ganze Unternehmen.
- Bemühen Sie sich um eine permanente Verständniskontrolle.
- Jeder kann dazulernen. Besprechungen sind auch Gelegenheiten, um neue Gesichtspunkte, Argumente und Einwände kennenzulernen. Niemand verlangt, daß Sie auf jede Frage ad hoc eine schlüssige Antwort haben.

Merkpunkte für den Protokollführer

1. Klären Sie vorab mit dem Besprechungsleiter, ob er ein Verlaufs-, ein Ergebnisprotokoll oder eine andere Variante wünscht.
2. Im allgemeinen reicht ein Ergebnisprotokoll. Es muß die folgenden formalen Elemente enthalten:
   - Verteiler
   - Art der Veranstaltung
   - Veranstalter, Einlader
   - Tag und Ort
   - Beginn und Ende
   - Teilnehmer

- Besprechungsleiter und Protokollführer
- Tagesordnung/Besprechungsthema
- Ort und Datum der Niederschrift des Protokolls
- Unterschrift des Protokollführers
- Inhalt in Form wichtiger Fakten, Teilergebnisse, Entscheidungen, Vereinbarungen

3. Gliedern Sie das Protokoll nach Tagesordnungspunkten.
4. Numerieren Sie die einzelnen Punkte fortlaufend.
5. Lassen Sie die Diskussion nicht so schnell werden, daß Sie den Faden verlieren.
6. Halten Sie die Ergebnisse in Stichworten fest. Bitten Sie im Zweifel den Besprechungsleiter oder den betreffenden Teilnehmer, die (Teil-)Ergebnisse für das Protokoll zusammenzufassen. Haben Sie den Mut, offene Punkte während der Besprechung zu klären.
7. Unterscheiden Sie zwischen Fakten und Meinungen. Vermeiden Sie, Ihre eigenen Interpretationen ins Protokoll zu übernehmen.
8. Halten Sie die Folgevereinbarungen genau fest: Wer soll was bis wann und wie tun?
9. Vermerken Sie auch Ort, Datum und Zeit der nächsten Besprechung.
10. Beginnen Sie mit der Fertigstellung des Protokolls möglichst unmittelbar nach der Besprechung.
11. Senden Sie das geprüfte Protokoll den Besprechungsteilnehmern und auch den Personen und Stellen zur Kenntnisnahme, die von den Ergebnissen und Entscheidungen berührt werden.
12. Das Protokoll dient später auch als Richtschnur, um die Ausführung der Beschlüsse zu überwachen.

Checkliste für die Vorbereitung von Besprechungen

(1) Vorüberlegungen

- Ist die Besprechung überhaupt notwendig?
- Kann eine Entscheidung des Verantwortlichen oder können einige Telefonate die Besprechung ersetzen?
- Ist es möglich, die Besprechung mit einer anderen zu kombinieren?

(2) Besprechungsgegenstand formulieren

(3) Formalziel festlegen

Was soll mit Hilfe der Besprechung erreicht werden?

- Problembewußtsein wecken
- Gleichen Informationsstand herstellen
- Sich beraten lassen
- Konsens herstellen
- Lösungsvorschläge erarbeiten
- Entscheidung vorbereiten
- Problem lösen
- Entscheidung treffen
- Teamgeist fördern/Motivieren

(4) Teilnehmer auswählen

- Wer ist zuständig?
- Wessen Aufgabenbereich ist unmittelbar betroffen?
- Wer benötigt die Informationen für sein Aufgabenerfüllung?

(5) Besprechungstermin festlegen

(6) Informationsmaterial für die Teilnehmer zusammenstellen

- als Vorabinformation mit der Einladung
- im Nachgang zur Einladung
- in der Besprechung

(7) Protokollführung sicherstellen

- Wer soll das Protokoll führen?
- Welche Protokollart ist zweckmäßig?

(8) Teilnehmer einladen

Die Einladung soll die folgenden Elemente enthalten:

- Datum der Besprechung
- Beginn und (geplantes) Ende der Besprechung
- Besprechungsraum, ggf. Ortsangabe
- Tagesordnung
- Name des Leiters
- Name des Protokollführers
- Art und Zahl der beigefügten Unterlagen
- Informationen über Anreise, Parkplätze, Anmeldung, Service.

(9) Besprechungsgegenstände sachlogisch und psychologisch aufbereiten

- Wie begründe ich die Aufnahme des Besprechungsgegenstandes in der Tagesordnung?
- Was will ich in Erfahrung bringen?

- Was will ich den Teilnehmern mitteilen?
- Welches Interesse haben die Teilnehmer am Besprechungsgegenstand?
- Welche Konsequenzen und Folgemaßnahmen sind zu bedenken?
- Wie kann ich die Besprechung strukturieren?
- Kommen Medien zur Visualisierung in Frage?
- Wie grenze ich das Thema ab?

(10) Besprechungsraum prüfen

- Größe
- Tische und Stühle
- Tisch- und Sitzordnung
- Licht, Heizung, Lüftung
- Technische Hilfsmittel (Projektor, Flip-chart...)
- Namensschilder

Nicht vergessen

- Sach- und Beziehungsebene
- Umsichtig vorbereiten (Checkliste beachten)
- Konsequent beim Thema bleiben
- Kooperativ lenken
- Phasenkonzept nutzen
- Kurze Beiträge

Baustein 14: Präsentationstechnik

Die Entwicklung leistungsfähiger Grafiksoftware eröffnet zusammen mit verbesserten dialektischen und psychologischen Erkenntnissen neue Chancen, um die Qualität und den Wirkungsgrad beruflicher Präsentationen zu steigern. Profitieren können alle, die ihre Ideen, Produkte und Arbeitsergebnisse überzeugend darzustellen haben. Dies gilt für wichtige Verkaufspräsentationen und Produkteinführungen genauso wie für Planungs- und Ergebnissitzungen, Ausstellungen und Messen, fachbezogene Vorträge bis hin zu Schulungs- und Trainingsveranstaltungen.

Besonders chancenträchtig sind die neuen elektronischen Möglichkeiten: Wozu der Grafiker sonst Tage brauchte, läßt sich heute computergestützt in einer Stunde erledigen. Harvard Graphics, PictureIt und vergleichbare Grafikprogramme sind auch vom Computerlaien rasch zu erlernen. Photos lassen sich genauso wie Symbole in die Grafiken einbeziehen. Und auf der Ausgabeseite stehen inzwischen leistungsfähige Geräte zur Verfügung, die hohen Ansprüchen genügen. Folien und Dias vom Personal-Computer, Desktop-Publishing und Video-Show sind die Wegmarken der künftigen Entwicklung.

Dieser Baustein bietet Ihnen die Chance,
- Stärken und Schwächen bei Präsentation rascher zu erkennen,
- Präsentationen für den Chef professioneller vorzubereiten und
- eigene Vorträge unter Einsatz optischer Medien (in Seminaren, Berufsverbänden oder im Unternehmen) überzeugend zu halten,
- die optischen Medien zuhörerfreundlich zu gestalten.

Wer seine Präsentationstechnik überdenken und aus den absehbaren Trends die richtigen Konsequenzen ziehen will, tut gut daran, neben den technischen Neuerungen auch die übrigen Faktoren im Blick zu haben, die die Überzeugungskraft beeinflussen (siehe Baustein 2). Faßt man diese Gesichtspunkte zusammen, so lassen sich die Faktoren, die für das Gelingen einer Präsentation wichtig sind, vier Bereichen (Suchfeldern) zuordnen:

4 Suchfelder

① Inhaltliches Konzept
② Optische Medien
③ Rhetorik und Dialektik
④ Persönlichkeit

Abb. 12

Dieser Beitrag bietet Ihnen Praxishilfen innerhalb der vier Suchfelder. Sie erfahren im einzelnen, wie Sie Ihr inhaltliches Konzept gewinnen, wie Sie optische Hilfsmittel effektiv einsetzen und welche rhetorischen und psychologischen Mittel Ihnen ergänzend zur Verfügung stehen, um Ihre Überzeugungsziele zu erreichen.

Suchfeld 1: Das inhaltliche Konzept

Mit der Vorbereitung steht und fällt der Erfolg Ihrer Präsentationen. Sorgfalt und Gründlichkeit im Vorfeld wichtiger Veranstaltungen zahlen sich immer aus. Wer über die beste Präsentationsstrategie nachdenkt, sollte sich zunächst Rechenschaft über den Anlaß und die Zielsetzung geben. Ratsam ist ein (strategisches) Vorgehen in zwei Schritten: 1. Die Zielbestimmung und 2. die Festlegung des besten Weges, um diese Ziele zu erreichen.

Präsentationsziele

Bei der Zielbestimmung legen Sie fest, was Sie bei den Zuhörern erreichen wollen. Abbildung 13 zeigt, daß diese Ziele recht unterschiedlich sein können:

Präsentationsziele
• Problembewußtsein wecken • Informieren und erklären • Akzeptanz schaffen • Motivieren • Überzeugen • Entscheidung herbeiführen

Abb. 13

Ihre Ziele sind natürlich abhängig vom Anlaß der Präsentation, ob zum Beispiel ein Arbeitsergebnis oder Projekt, ein Produkt oder Leistungsangebot oder die eigene Gruppe, Abteilung, Sparte oder Unternehmung vorgestellt wird.

Als weiteres Kriterium ist zu beachten, daß Präsentieren immer auch Öffentlichkeitsarbeit bedeutet, für das Unternehmen insgesamt, aber ebenso für den Verantwortungsbereich und die Persönlichkeit des Vortragenden. Dieser imagebildende Gesichtspunkt ist dann von besonderer Bedeutung, wenn sich bei der Zuhörerschaft hohe Ansprüche an die Qualität von Präsentationen herausgebildet haben. Vor diesem Hintergrund kommt es – speziell vor wichtigen internen oder externen Personengruppen – darauf an, kompetent, sicher, sympathisch, fair und glaubwürdig zu erscheinen.

Die Zielsetzung und die Inhalte können nur realistisch festgelegt werden im Hinblick auf Ihre Zuhörerschaft. Tun Sie alles, um das richtige Niveau zu finden, um die Zuhörer „dort abzuholen, wo sie stehen“: bei ihren Vorkenntnissen, ihrer fachlichen Spezialisierung, ihren Bedürfnissen und Engpässen, aber auch bei ihren Einstellungen und Werten.

Die Inhalte sammeln und gewichten

Wenn Sie die relevanten Inhalte (Fakten, Zahlen, Daten, Argumente usw.) gesammelt haben, ist zu überlegen, welche Informationen die wichtigsten sind und vermutlich die größte Überzeugungskraft beim Zuhörer haben.

Bei der schrittweisen Entwicklung Ihres inhaltlichen Konzepts sollten Sie sich immer vor Augen führen, daß es bei jeder Präsentation darum geht, die Aufmerksamkeit und das Interesse Ihrer Zuhörer zu gewinnen und alles zu tun, damit das Dargebotene verstanden, akzeptiert und in guter Erinnerung behalten wird. Die nachfolgenden Gesichtspunkte sind Ihnen hierbei behilflich.

Prüfkriterien für den Inhalt

(1) Achten Sie darauf, daß Ihre Behauptungen und Zahlen abgesichert sind. Wer behauptet, ist beweispflichtig. Spielen Sie bei Ihren Vorüberlegungen selbst den Advocatus Diaboli, d.h. konfrontieren Sie Ihr inhaltliches Konzept mit der schärfsten denkbaren Kritik. Vor wichtigen Präsentationen ist es ratsam, den Ernstfall mit Kollegen durchzuspielen und alle möglichen Schwachstellen im Vorfeld auszumerzen. Die Manöverkritik sollte bei der Probe-Präsentation alle Suchfelder umgreifen.

(2) Setzen Sie die Nutzenargumentation ein, d.h. zeigen Sie, welche Vorteile Ihre Ideen, Lösungen oder Produkte den Zuhörern bringen. Es empfiehlt sich, hierbei an den bekannten (oder wahrscheinlichen) Bedürfnissen und Engpässen der Zuhörer anzuknüpfen.

(3) Beachten Sie das Prinzip der Anschaulichkeit. Bilder dringen offenbar tiefer ins menschliche Gehirn ein als abstrakte Worte. Veranschaulichen Sie daher Ihre Argumentation durch eindrucksvolle Beispiele, praktische Fälle und persönliche Erfahrungen. Eine plastische Sprache trägt genauso wie die unten angesprochenen Medien und Anschauungsmaterialien dazu bei, das bildhafte Gedächtnis der Zuhörer anzusprechen. Günstig ist es, die Bilder und Beispiele der Erlebnis- und Erfahrungswelt der Zuhörer zu entnehmen.

(4) Aktivieren Sie Ihre Zuhörer durch ergänzende, auflockernde Elemente, die die Gefühle ansprechen und zum Mitdenken anregen. Wichtige Mittel zeigt Abbildung 14.

Zuhörer aktivieren durch:
• Fragen • Überraschungen • Gespräch/Diskussion • Optische Medien • Cartoons/Humor • Demonstration • Begeisterung/Rhetorik

Abb. 14

(5) Ihre Ausführungen müssen für die „Welt der Zuhörer" verständlich sein. Verständlichkeit ist eine notwendige Voraussetzung jeder Präsentation. Gerade beim Sprechen vor Nicht-Fachleuten sind alle Möglichkeiten zu nutzen, um den Zuhörern die Aufnahme und Verarbeitung Ihrer Argumente und Informationen zu erleichtern (Baustein 5).

(6) Bedenken Sie, daß die Zuhörer die neuen Zusammenhänge erst lernen müssen. Besonders Nicht-Fachleute verstehen und behalten in der Regel sehr viel weniger, als man selbst meint. Weil der psychologische Grundsatz gilt: „Sagen heißt nicht aufnehmen, aufnehmen nicht verstehen, verstehen nicht behalten, und behalten heißt nicht erinnern und anwenden können" kommt es darauf an, Schwerpunkte zu setzen und zu prüfen, ob die Inhalte in der begrenzten Zeit vermittelt werden können. Mindestziel

sollte sein, die Kernargumente in der verfügbaren Zeit „rüberzubringen“.

(7) Gliedern Sie das Präsentationskonzept nach Einleitung, Hauptteil und Schluß. Die Einleitung soll Aufmerksamkeit und Interesse wecken, die Bedeutung des Themas für die Zuhörer erkennen lassen, das Thema abgrenzen, die Gliederung (auf Flip-Chart notiert) verdeutlichen und den Fahrplan des Vortrags skizzieren (Wie lang wird gesprochen? Sind Fragen während des Vortrags erlaubt? Wann folgt die Diskussion?). Oft ist es günstig, Verständnisfragen wären des Vortrags zuzulassen und für weiterführende Fragen und Kritik die Aussprache vorzusehen.

Im anschließenden Hauptteil geht es darum, die Ideen, Argumente und Informationen überzeugend und einprägsam darzustellen, mögliche Einwände vorwegnehmend zu entkräften und die Zuhörer unter Einsatz optischer Hilfsmittel zu gewinnen.

Im Schlußteil wird zunächst die Quintessenz (das Wesentliche) inForm eines Fazits zusammengefaßt. Dann folgt der Appell an die Zuhörer, gegebenenfalls ein knapper Blick in die Zukunft und die Überleitung in die Aussprache.

Suchfeld 2: Wahl und Gestaltung der Medien

Die optische Unterstützung der Präsentation eröffnet Ihnen eine Reihe von Chancen und Vorteilen. In Stichworten sind dies:

- erhöhte Verständlichkeit,
- mehr Aufmerksamkeit und Interesse,
- einprägsame Vermittlung des Wesentlichen,
- besseres Behalten.

Hinzu kommt, daß der Präsentierende persönlich profitiert: Er wird eher als fachkundig und professionell wahrgenommen; er erscheint besser vorbereitet und glaubwürdiger.

Wharton-Studie

Zusätzliche Aufschlüsse vermittelt die Wharton-Studie, die an der University of Pennsylvania erarbeitet wurde. Gegenstand war die Dauer und Effizienz von Besprechungen und Konferenzen. Dabei wurden die Unterschiede untersucht, die sich bei Veranstaltungen mit und ohne Visualisierung ergeben. In der Tendenz zeigt das Ergebnis, daß durch den Einsatz visueller Präsentation

- die durchschnittliche Konferenzdauer um etwa 30 Prozent reduziert wird,
- die zu treffenden Entscheidungen weitaus häufiger gefällt werden und
- weitaus eher ein Konsens erreicht werden kann als bei nur verbalen Veranstaltungen.

Bei der Wahl geeigneter Medien kommt es darauf an, im Hinblick auf die Zielsetzung und die Zuhörerschaft das Optimum zu finden. Zur Verfügung stehen neben den traditionellen Medien vielfältige neuere Entwicklungen, die zusätzliche Chancen für die Präsentation eröffnen. Dazu gehören:

- die computergestützte Anfertigung von Folien, Dias und Hardcopies
- die Präsentation am Desktop
- die integrierte Präsentations-Show
- die LCD-Präsentation
- die Großbildpräsentation

Bei einer Reihe von Präsentationen und Routine-Veranstaltungen innerhalb der eigenen Unternehmung, wo es nicht auf Imagewirkung und Professionalität ankommt, erreicht man seine Ziele auch über handgefertigte Folien, Flip-chart, Schwarz-weiß-Folien vom Kopierer, Grafiken vom Plotter oder mit der Pin-Wand.

Regeln für die Gestaltung von Grafiken

Sie werden nur dann die optimale Wirkung beim Einsatz optischer Medien erzielen, wenn die Grafiken bestimmten psychologischen Kriterien genügen. Diese gelten unabhängig davon, ob die Charts von Hand, im Service-Büro oder elektronisch am Computer angefertigt werden.

Gestaltungsregeln für Textgrafiken

- Eine Idee pro Grafik
- Etwa sieben Worte pro Zeile
- Etwa sieben Zeilen pro Transparent
- Schlüsselworte statt Sätze
- Doppelter Zeilenabstand
- Kleinbuchstaben für guten Leseabstand
- Durch Einleitungszeichen ordnen

Abb. 15

Wo der Computer unterstützen kann...

Aus Sicht der präsentierenden Führungs- und Fachkräfte liegt der Hauptnutzen darin, daß die Daten, Zahlen und Textinformationen rasch in perfekte – auch farbige – Grafiken umgesetzt werden können und eine Reihe interessanter Ergänzungen zur Verfügung stehen. Grafiksoftware wie Harvard Graphics oder PictureIt zeichnen sich durch eine leicht verständliche Menüführung aus. Sie erlaubt es auch dem Computerlaien, am Monitor die komplette Präsentation zu entwickeln und den gesamten Vorgang von der Ideenführung bis hin zum fertigen, optisch hochwertigen Dia, zur Folie oder zum Handout eigenständig zu bewältigen.

Was benötigen Sie hierzu im Sekretariat?

Zunächst einen Personal-Computer mit einem grafikfähigen Farbmonitor und eine Software, die zu Ihrem Bedarf paßt.

Zu den Softwarepaketen, die durch leichte Erlernbarkeit, hohe Qualität der grafischen Darstellung und durch Kompatibilität überzeugen, gehören neben den erwähnten Programmen Harvard Graphics und PictureIt etwa Chart-Master, Freelance Plus, Corel Draw, Mirage oder Aldus Persuasion.

Zwei besonders leistungsfähige und anwenderfreundliche Programme werden nun in ihren Grundzügen dargestellt. Sowohl Harvard Graphics (unter MS-DOS und Windows) als auch PictureIt sind dann besonders chancenträchtig, wenn Sie unter Zeitdruck Informationen in überzeugende und aussagekräftige Charts umsetzen müssen.

Harvard Graphics (Windows)

Dieses integrierte Softwarepaket erlaubt die Kombination von Geschäftsgrafiken, Freihandzeichnungen und Bildschirmshow bei einfacher Bedienung. Hinzu kommen interessante Hilfs-

und Zusatzprogramme, die der Aussagefähigkeit der Grafiken und dem Handling zugute kommen. Die wichtigsten Schlüsselfunktionen im Überblick (vgl. Software Publishing):

Vollständig integrierte Arbeitsansichten

Beim Erstellen Ihrer Präsentation profitieren Sie von drei Arbeitsansichten:

- Der Folieneditor zeigt eine einzelne Folie an. Sie können Diagramme hinzufügen, bearbeiten und weiter ausgestalten, ohne die Ansicht zu wechseln.
- Die Folienübersicht bietet eine Übersicht über die gesamte Präsentation, wobei die Folien in stark verkleinerter Form angezeigt werden. Sie können hier zum Beispiel ausgewählte Folien ändern, die Reihenfolge modifizieren oder Folien in eine andere Präsentation kopieren.
- Die Gliederung bietet die Möglichkeit, die Ideen sinnvoll zu ordnen und eine Agenda der Präsentation zu erstellen.

Änderungen, die Sie in einer der drei Ansichten vornehmen, werden in den anderen beiden automatisch berücksichtigt.

Imageförderliches Präsentationslayout

Ein einheitliches und professionelles Aussehen erhalten die Präsentationen durch Layoutdaten (Präsentationslayout). Jedes Layout besteht aus zwölf Schablonen, eine für jeden Diagrammtyp. Diese Schablonen legen die Anordnung der Elemente fest, also die Farben, den Hintergrund und die Schrift. Dadurch wird bei der Aufbereitung der Informationen ein Höchstmaß an Effizienz und Einheitlichkeit erreicht.
Anhand von Schablonen werden Textdiagramme, Tabellen und Organigramme sowie Zeichnungen und Grafiken automa-

tisch formatiert und an die richtige Position gesetzt. Diese Schablonen können Sie auf Ihre individuellen Bedürfnisse zuschneiden. Harvard Graphics Windows umfaßt 55 von Grafikern entwickelte Präsentationslayouts. Sie können diese Layouts so verändern oder neu anpassen, daß sie den Gestaltungsrichtlinien Ihres Unternehmens oder anderen psychologischen Anforderungen Rechnung tragen.

Leistungsfähige Diagrammgestaltung

HG deckt die wichtigsten Diagrammtypen ab, also Titeldiagramm, Liste, Kreisdiagramm, Organigramm, vertikales und horizontales Balkendiagramm, Linien-, Flächen-, Aktien- und Streudiagramm sowie frei zu gestaltende Diagramme. Die Diagrammkapazität in XY-Diagrammen: 1000 x 16; 6 Kreise und maximal 24 Segmente pro Kreis.
Tabellen mit maximal 24 Spalten und 100 Zeilen.

Dynamic Data Exchange (DDE)

Sie können Daten aus anderen Windows-Anwendungen, wie Superbase, Excel oder Wingz, über automatische Datenverbindungen importieren. Sie sparen Zeit bei der Umsetzung der Daten in professionelle Charts. Zudem ist sichergestellt, daß die Präsentationsdaten automatisch aktualisiert werden, wenn Sie die Ausgangsdaten ändern.

Umfangreiche Import/Export-Fähigkeiten

Sie können Dateien aus anderen Applikationen einsehen, Daten auswählen und übernehmen. Bei Änderungen in der Ursprungsdatei erfolgt automatisch ein Update der in das HG-Schaubild übernommenen Daten. Problemloser Datenimport aus Lotus 1-2-3, Excel-Daten und -Grafiken, Lotus, Symphony sowie dBase. Exportfähigkeiten u.a. für CGM, PCX und Professional Write.

Beispielcharts helfen Zeit sparen

Eine umfangreiche Grafik-Galerie erleichtert Ihnen die zeitsparende Anfertigung von Diagrammen. Auch hier sorgen Präsentationsschablonen – vordefinierte sowie nach eigenen CI-Kriterien ergänzbare – für einheitliche, durchgängige Präsentationen.

Darüber hinaus können Sie unter Harvard Graphics Windows

- erweiterte ScreenShow-Funktionen nutzen, wodurch Sie eine größere Kontrolle des Präsentationsablaufs und leichteren Zugang zu zusätzlichen Informationen erhalten. Während der laufenden Präsentation kann auf Zuschauerfragen geantwortet werden, indem bestimmte vordefinierte Marken auf dem Bildschirm angeklickt werden.
- während einer ScreenShow andere DOS- und Windows-Anwendungen aufrufen und danach sofort an der Stelle die Show fortsetzen, an der vorher unterbrochen wurde.
- eine Reihe von Tools nutzen, um zu zeichnen und bestimmte Datenelemente zu bearbeiten oder in der Größe zu variieren.

Wenn Sie die Grafiken angefertigt haben, ist über die geeignete Ausgabeform zu entscheiden. Die Varianten sind vielfältig: Sie können die komplette Präsentation am Bildschirm zeigen oder die gewünschten Grafiken als Dia, Folie oder Handout ausdrucken.

Integrierte Präsentationsshow

VideoShow von General Parametrics bietet ein komplettes Präsentationspaket, das von der Menüführung her vor allem Computerlaien entgegenkommt. Es deckt sich in vielen Leistungsmerkmalen mit Harvard Graphics, geht aber in einigen Punkten darüber hinaus. VideoShow bietet 5 000 Farben, WYSIWYG (What you see is what you get), die Einbeziehung natürlicher Bilder (Fotos) und die Möglichkeit, mit einem speziellen Präsentationsgerät und Infrarot-Fernbedienung vorzuführen.

Was die Videoshow im einzelnen leistet...

- Daten und Argumente können rasch am Personal-Computer in eine präsentable Form gebracht werden. Die Software „PictureIt“ gibt vorgefertigte Balken-, Streifen-, Kurven-Kreisdiagramme sowie Textseiten und Grafiken vor. Diese Vorgaben gestatten es auch Computerlaien, die erwünschten Präsentationsgrafiken in wenigen Minuten zu erstellen.
- Änderungen und Ergänzungen sind rascher als bei HG möglich, unter anderem bei den Variablen: Daten, Textinformation, Schriftgröße, Schrittyp, 3D, Farbe des Textes und des Hintergrundes, Kasten, Untertitel. 5 000 Farben stehen zur Verfügung, um die optische Attraktivität zusätzlich zu erhöhen. Die Software enthält einen Katalog wirkungsvoller Farbkombinationen. Er zeigt, welche Schriftfarbe optimal mit welcher Hintergrundfarbe harmoniert. Die erwünschte Farbe kann mit drei Ziffern angesteuert werden.
- Das WYSIWYG-Prinzip erlaubt es Ihnen, auf Tastendruck genau zu sehen, wie die Grafik später auf dem Bildschirm, auf der Folie oder auf dem Dia aussehen wird. Ohne großen

Aufwand kann so jeder Fehler vor der endgültigen Ausgabe auf Folie, Dia oder Hardcopy korrigiert werden.

- Natürliche Bilder (Fotos) lassen sich mit der Computergrafik kombinieren. Technische Neuerungen, Produkte, Fertigungsanlagen, Gebäude, Menschen usw. können Ihre Diagramme und Textgrafiken auf diese Art ergänzen und noch aussagefähiger machen.
- Motive aus Bibliotheken (Landkarten, Symbole aus der Geschäftswelt u.a.) lassen sich wie bei Harvard Graphics problemlos in die Präsentationsgrafiken integrieren.
  - Grafiken und Diagramme, die mit anderen Softwarepaketen angefertigt worden sind, können in die VideoShow einbezogen werden. Kompatibel sind u.a. Harvard Graphics, FreelancePlus, Mirage, Concorde, ChartMaster, Chart.
  - Die Präsentation der VideoShow erfolgt mit Hilfe eines transportablen Präsentationsgeräts, das es dem Benutzer mittels der Makrovisionstechnologie ermöglicht, vielfarbige Präsentationen mit hoher Auflösung über einen grafikfähigen Monitor oder einen Video-Beamer darzustellen. Die VideoShow steuern Sie mit einer Infrarot-Fernbedienung. Der Präsentierende kann sich im Vortrags- oder Seminarraum also frei bewegen. VideoShow erlaubt es, die Bilder aus dem Inhaltsverzeichnis abzurufen, die Overlaytechnik einzusetzen, mit einem elektronischen Pointer zu zeigen, das Ein- und Ausblenden zu variieren, vor- und rückwärts zu blättern. Der Vortragende kann dadurch bei Fragen aus dem Publikum rasch die betreffende Grafik auffinden und zeigen.
- Wenn eine „Live"-Präsentation der Grafiken nicht zweckmäßig erscheint, können die angefertigten Grafiken ausgegeben werden auf Dia, Folie oder Hardcopy.

Bei hochwertigen Farb-Grafiken kommen hierzu in Frage
- Thermotransfer-Drucker
- Tintenstrahl-Drucker
- Farbplotter (Stift-)
- Farbiger Matrixdrucker
- Filmrecorder (analog/digital)
- Slide-Maker zur Erstellung von Farbdias

Die Ausgabe auf Folien oder Dias ist entbehrlich, wenn Sie – etwa vor großen Gruppen – die LCD-Präsentation, den LCD-Farbvideoprojektor oder den Video-Beamer einsetzen.

LCD-Präsentation

Diese Technik ermöglicht es Ihnen, Bildschirmgrafiken, Computerdaten, Video-Einschübe oder eine ganze Präsentationsshow groß zu projizieren. Möglich ist dies durch eine integrierte transparente Flüssigkeitskristall-Anzeige (Liquid Crystal Displays). Die Handhabung ist einfach: Sie schließen das LCD-Display an den Computer an und legen es auf den (Hellicht-) Overheadprojektor.

Computergrafiken erscheinen ohne Zeitverzögerung auf dem LC-Display und werden in Farbe auf die Leinwand projiziert. Der Einsatz hochreflektierender Leinwände sichert neben einem Hellichtprojektor die Qualität der dargestellten Charts und Videos bei Tageslicht. Leistungsfähige FARB-Projektionspanels bieten zum Beispiel SHARP und 3 M an. Mit Hilfe eines Videoadapters ist der Einsatz externer Videoquellen (z.B. Videorecorder oder Videokamera) möglich. Besonders interessante Anwendungsfelder liegen im Vertriebsbereich und im technisch orientierten Training, wo ein Laptop oder ein Notebook mit dem Farbpanel gekoppelt werden kann.

LCD-Videoprojektor

Diese neuartige LCD-Technologie ermöglicht eine brillante und flimmerfreie Projektion bei variablen Bildgrößen. Der LCD-Videoprojektor von SHARP projiziert die Charts oder Videobilder bis zu einer Größe von 375 cm (Bilddiagonale) auf die Leinwand. Der Projektor ist mit etwa 14 kg leicht transportierbar und ist in Sekunden ohne technischen Aufwand zu installieren und einzustellen. Chancenträchtig erscheint diese Neuerung nicht nur bei der Präsentation von VideoShows. Eine integrierte Lautsprecheranlage erleichtert es, Videofilme auch vor größeren Gruppen zu präsentieren.

In abgedunkelten Räumen profitieren Sie als Vortragender von einer beleuchteten Fernbedienung.

Video-Beamer

Wie der LCD-Videoprojektor ist auch der Video-Beamer leicht mit dem VideoShow Präsentationsgerät zu koppeln. Die Farben Ihrer Computergrafiken oder Videofilme bleiben erhalten, wenn Sie den Video-Beamer als Boden- oder Deckengerät zur Großflächen-Projektion einsetzen. Der Video-Beamer kommt vor Großgruppen zur Anwendung. Die Geräte sind in der Regel recht teuer und nur schwer zu transportieren. Hinzu kommt ein großer Zeitbedarf, um das Projektionsbild scharf einzustellen.

Auch perfekte Computergrafiken, Folien oder Dias können und sollen die übrigen Faktoren professioneller Präsentation nicht ersetzen, sondern nur zu einem höheren Wirkungsgrad beitragen. Im Mittelpunkt muß das Bemühen stehen, eine tragfähige, vertrauensvolle Beziehung zum Zuhörer aufzubauen, Aufmerksamkeit und Interesse zu wecken, die Argumentation glaubwürdig und rhetorisch wirkungsvoll vorzutragen und gegen sachliche Kritik und unfaire Angriffe zu verteidigen.

Befunde der Sozialpsychologie und Kinesik (= Lehre von der Sprache des Körpers) sprechen dafür, daß die emotionale Ausstrahlung des Vortragenden eine größere Wirkung auf die Zuhörer hat als Logik und Ratio. Und dies um so mehr, je geringer das Verständnis für die Sachzusammenhänge beim Zuhörer ist.

Suchfeld 3: „Rhetorik und Dialektik“

Ob der Präsentierende als überzeugend wahrgenommen wird, hängt von der rhetorischen Leistung und von der Fähigkeit ab, die vorgestellten Ideen gegen Kritik zu verteidigen.

Was unter rhetorischem und dialektischem Aspekt zu beachten ist, lesen Sie hier in Stichworten. Die Details finden Sie in den Bausteinen des allgemeinen Teils, vor allem in den Bausteinen 3, 5 und 8.

Rhetorische Aspekte

- Denken Sie beim Vortrag an einen guten Ersteindruck (primacy effect) und einen guten Letzteindruck (recency effect). Bei einem negativen ersten Eindruck wird die anschließende Präsentation nur zu leicht in Frage gestellt. Mit Ihrem Letzteindruck dokumentieren Sie, wie Sie in der Erinnerung Ihrer Zuhörer nachwirken wollen.
- Zeigen Sie emotionalen Ausdruck und Engagement, vor allem bei wichtigen Ideen und Argumenten. Ihr Gesprächspartner muß spüren, daß Sie hinter dem stehen, was Sie sagen.

- Vermeiden Sie Verlegenheitsgesten, Fahrigkeit und Hektik bei Ihren Bewegungen. Die Gestik und Mimik sollte das Gesagte unterstreichen. Der für Gestik relevante rhetorische Bereich liegt zwischen Hüftlinie und Schultern. Ausholende Armbewegungen werden eher mit Sicherheit, keine oder zu wenig Gestik wird eher mit Unsicherheit in Verbindung gebracht.
- Achten Sie vor allem in der Anfangsphase auf einen sicheren Stand mit Schwerpunkt über beiden Beinen. Bewegen Sie sich natürlich. Vermeiden Sie unruhige Dauermotorik.
- Halten Sie Blickkontakt zum Auditorium, während Sie sprechen. Ratsam ist der sogenannte „kreisende Rundumblick", um jedem den Eindruck zu vermitteln, daß er angesprochen wird. Führen Sie ruhig mit den Augen, und vermeiden Sie eincn unsteten, hektischen Blickkontakt. Der Augenkontakt erleichtert den Aufbau einer emotionalen Brücke zum Zuhörer, verstärkt die Aufmerksamkeit und hilft Ihnen, das Zuhörerverhalten zu kontrollieren. (Wie komme ich an? Wie ist die Stimmung? Sind die Zuhörer aufmerksam und offen für das Neue, oder signalisieren sie durch ihre Körpersprache, z.B. negative Mimik oder Unruhe, Widerspruch?)
- Sprechen Sie moduliert und farbig durch Variation der Lautstärke, Variation des Tempos und durch den Wechsel von Höhen und Tiefen.
- Wählen Sie ein eher mäßiges Grundtempo. Dies erleichtert Ihnen das „vorauseilende Denk-Sprechen".
- Vermeiden Sie Füllsel (öh, äh,...) und Störlaute/Füllworte wie „eigentlich", „vielleicht".
- Machen Sie Pausen. Pausen gliedern, erzeugen Spannung, regen zum Denken an, erleichtern die Tiefenatmung. Das Gesagte wird betont, die Aufmerksamkeit im Auditorium

steigt. Die Worte und Bilder können beim Zuhörer intensiver nachwirken und werden besser behalten.

- Sprechen Sie möglichst frei, nutzen Sie aber ein Stichwortkonzept als Merkstütze. Sie können auch die Folien und Notizen auf dem Flip-Chart und die übrigen optischen Medien als „Stichwortkonzept“ benutzen. Diese optische Rhetorik wirkt Redehemmungen entgegen, da man den „roten Faden“ immer vor Augen hat.

Fördern Sie Ihre Dialektik

Wer andere für seine Produkte und Arbeitsergebnisse gewinnen will, muß seine Gedanken und Vorstellungen gegen Kritik verteidigen und Fragen geschickt beantworten können.

Praxishilfen für Präsentationen

- Betrachten Sie Einwände als Chance, um Widerstände zu verringern und ergänzende Informationen zu geben.
- Psychologisch günstig ist ein mehrstufiges Vorgehen:
  - Aktives Zuhören
  - Kurze Pause zum Nachdenken
  - Einwandbehandlung im engeren Sinne.
- Lassen Sie sich bei unfairen Angriffen und Reizthemen nicht emotionalisieren oder zu unüberlegten Antworten provozieren.
- Tun Sie alles, um das Gesetz des Handelns auf Ihrer Seite zu haben.

Suchfeld 4: Persönlichkeit als Wirkfaktor

Unter diesem Blickwinkel ist alles zu tun, um Vertrauen aufzubauen und glaubwürdig, seriös und sicher zu erscheinen. Die Details finden Sie in den Bausteinen 2 und 3.

Fazit

Erst die Verbindung technischer und sozialer Kompetenz schafft günstige Voraussetzungen für den Erfolg beruflicher Präsentationen. Wer einseitig auf die neuen Computerprogramme setzt, läuft Gefahr, daß die Zuhörer in eine passive Rolle gedrängt werden und eine Distanz zwischen Vortragendem und Auditorium aufgebaut wird. Es kommt darauf an, die gesamte Breite der Wirkfaktoren im Blick zu haben: das heißt, ein inhaltlich durchdachtes Konzept gekonnt vorzutragen, das Wesentliche zu veranschaulichen und die verfügbaren persönlichen und dialektischen Möglichkeiten zu nutzen, um die Zuhörer zu gewinnen.

Im Alltag ist schon viel erreicht, wenn man die Fehlerquellen und Schwachstellen zu vermeiden sucht, die in der beruflichen Praxis am häufigsten auftreten:

- Die Zuhörer werden überfordert durch zuviel Information und durch eine unverständliche Darstellung.
- Die Anzahl der Folien oder Dias übersteigt die Aufnahmefähigkeit der Zuhörer („Folien-Schlachten").
- Die optische Qualität der Grafiken ist psychologisch mangelhaft (Zahlenfriedhöfe, zu kleine Schriftzeichen...).
- Ein durchdachtes Konzept fehlt; der „rote Faden" ist nicht erkennbar.
- Die Medien werden nicht zuhörergerecht eingesetzt (Probleme beim „handling").
- Die Fachsprache überfordert die Zuhörer aus anderen Ressorts.
- Die Rhetorik ist unzureichend. Besonders negativ: eine monotone, farblose Sprechweise, zu schnelles Sprechen, schlechte Pausentechnik und Verlegenheitsgesten in der Körpersprache; mangelnde Begeisterungsfähigkeit.
- Die Darstellung ist zu frontal, die Zuhörer werden kaum beteiligt.

Nicht vergessen

- Verständliches Konzept
- Lesbarkeit der Medien
- Grafikprogramme nutzen
- Persönliche Wirkung bedenken

Baustein 15: Ideen „verkaufen“

In vielen Gesprächen des Alltags geht es darum, andere für die eigenen Vorstellungen zu gewinnen. In den vorhergehenden Kapiteln haben Sie erfahren, was Sie für Ihre Überzeugungskraft tun können. Entscheidend sind neben dem notwendigen Selbstvertrauen und der inneren Bereitschaft, das Gespräch zu suchen, die folgenden Voraussetzungen:

- Überzeugtsein von sich und Begeisterungsfähigkeit
- Sicherheit im Auftreten
- gepflegtes Äußeres
- gute Beweismittel
- verständliches Sprechen; Wortflüssigkeit
- gute Einwandtechnik

– Sympathiewert
– Menschenkenntnis/Einfühlungsvermögen und
– Glaubwürdigkeit.

Wie man Produkte und Ideen überzeugend verkauft, ist die zentrale Frage moderner Verkaufstechniken. Die Psychologie des Verkaufs bietet Ihnen zusätzliche Hilfen, Ihre Überzeugungsfähigkeit weiterzuentwickeln. Insbesondere für das Gespräch unter vier Augen.

Was auch immer Sie einem anderen verkaufen, immer geht es darum, den Nutzen des eigenen Vorschlags möglichst überzeugend darzulegen. Das Phasen-Konzept auf der folgenden Seite zeigt, wie ein komplettes Gespräch zum Verkauf von Produkten oder Ideen aussieht.

Erläuternde Hinweise zu den Phasen:

(1) Gesprächsvorbereitung

- Versetzen Sie sich in die Lage des Partners? Wo liegen seine Probleme, Bedürfnisse, seine Engpässe?
- Was sind (vermutlich) seine Gesprächsziele?
- Was möchte ich in diesem Gespräch erreichen,
  minimal?
  maximal?
- Was weiß ich über den Gesprächspartner (Interessen, Charakter, Typ, Einstellung zu meinem Lösungsvorschlag/meiner Person?)
- Kann er allein entscheiden oder muß er andere hinzuziehen?
- Wie kann ich ihn „ködern“, sein Interesse wecken?
- Welche Zeit ist verfügbar?

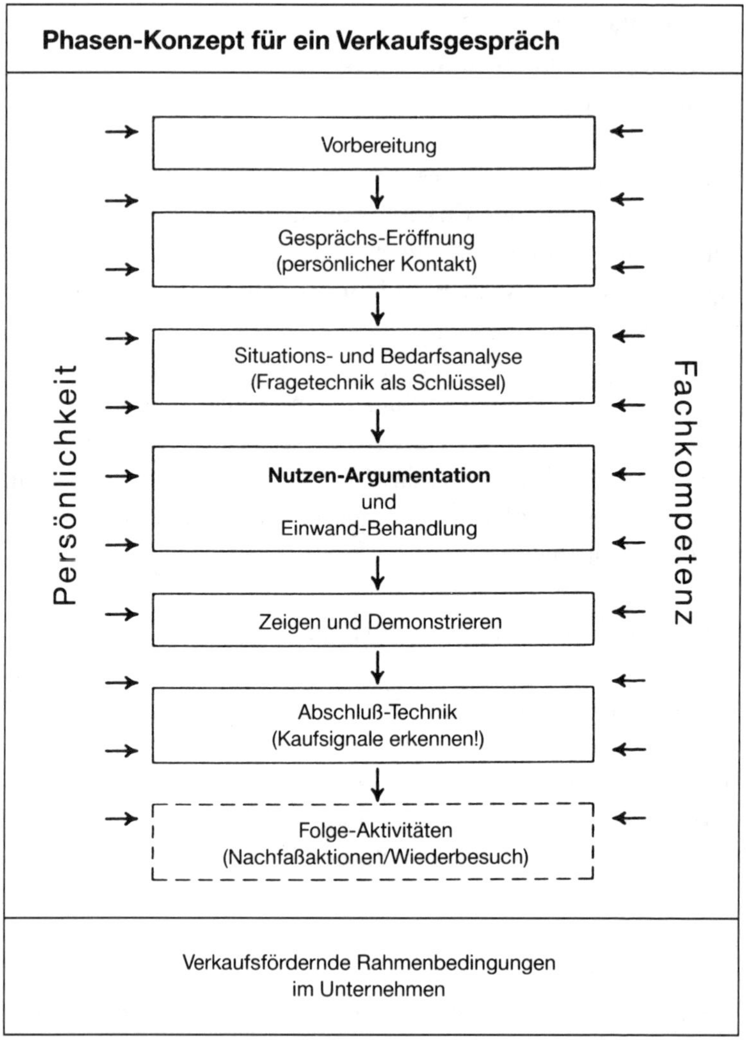
Phasen-Konzept für ein Verkaufsgespräch
Vorbereitung
Gesprächs-Eröffnung
(persönlicher Kontakt)
Situations- und Bedarfsanalyse
(Fragetechnik als Schlüssel)
Nutzen-Argumentation
und
Einwand-Behandlung
Zeigen und Demonstrieren
Abschluß-Technik
(Kaufsignale erkennen!)
Folge-Aktivitäten
(Nachfaßaktionen/Wiederbesuch)
Persönlichkeit
Fachkompetenz
Verkaufsfördernde Rahmenbedingungen
im Unternehmen

Abb. 16

- Wie möchte ich im einzelnen vorgehen?

Kontrollfragen:

- Wie soll ich das Gespräch beginnen?
- Welche Fragen werde ich stellen?
- Welche Lösungen kann ich anbieten?
- Welche Argumentationshilfen kann ich verwenden? (Fakten und Zahlen, Grafiken und Diagramme; Muster und Demonstrationen; Referenzen; Broschüren; Block und Bleistift u.a.)
- Mit welchen Einwänden muß ich rechnen, wie werde ich reagieren?

Bei besonders wichtigen Gesprächen und Verhandlungen sollten Sie Ihr Konzept mit anderen vorher durchsprechen!

(2) Gesprächseröffnung

Ziel: *Aufbau einer emotionalen Brücke zum Partner*

- Der gute erste Eindruck ist oft entscheidend. Gehen Sie freundlich und offen auf Ihren Partner zu.
- Beachten Sie im internationalen Geschäft die kulturellen Besonderheiten und Gewohnheiten Ihres Gegenüber (siehe hierzu das Buch „Manieren und Karriere“ von Rosemarie Wrede-Grischkat).
- Nennen Sie öfters seinen Namen und zeigen Sie, daß er im Mittelpunkt steht.
- Fragen stellen ist günstiger als behaupten.
- Beobachten Sie die Körpersprache Ihres Partners

(Ist er offen oder verschlossen? Signalisiert er Sympathie oder Antipathie? Ist der Zeitpunkt günstig? Oder ist vielleicht ein Folgetermin günstiger?

- Vereinbaren Sie den Gesprächsablauf „Sind Sie damit einverstanden, daß ich Ihnen zunächst darstelle, wo die Schwierigkeiten liegen und daß wir dann geeignete Lösungswege besprechen...?

In diesem Zusammenhang empfiehlt es sich auch, nach der verfügbaren Zeit Ihres Gegenüber zu fragen.

(3) Situations- und Bedarfsanalyse

Ziel: *Durch Fragetechnik herausfinden, wie Ihr Partner die Situation sieht und wo seine Bedürfnisse und Bewertungsmaßstäbe liegen.*

Fragen, Beobachten und aktives Zuhören sind der Schlüssel zur Ermittlung des genauen Bedarfs und zur genauen Erfassung der Ausgangssituation

- Wer fragt, der führt! Wer fragt, der steuert in der Regel das Gespräch!
- Um den Gesprächspartner zu aktivieren und Informationen in Erfahrung zu bringen, sollten Sie offene Fragen stellen: (Welche Erfahrungen haben Sie ...? Wie denken Sie über ...? Warum ...? Wo sehen Sie Verbesserungsmöglichkeiten...?
- Hören Sie aufmerksam zu!

Beachten Sie die Regeln zum aktiven Zuhören, also

- Zuwendung, Blickkontakt anbieten
- ausreden lassen

- Verständniskontrolle (ggf. Rückfragen)
- Streitgespräche vermeiden
- Wiederholen Sie in eigenen Worten, was Ihr Partner gesagt hat

(4) Nutzenargumentation

Ziel: *Den Wert, die Vorteile, den Nutzen des eigenen Lösungsvorschlags darstellen. Vertrauen und Glaubwürdigkeit aufbauen.*

Wenn Sie ein Optimum anstreben, sollten Sie

– gute Beweismittel für Ihre Argumentation vorbereiten insbes. die Vorteile Ihres Vorschlags.
  Aspekte, die Ihrer Argumentation mehr Gewicht verleihen sind zudem

- Positive Erfahrungen anderer Unternehmen
- Artikel in einschlägigen Fachzeitschriften
- Zukunftstrends, die sich auf Messen und Fachtagungen abzeichnen

- Konsequenzen Ihres Vorschlags im Hinblick auf Umsatz, Kosten, Wirtschaftlichkeit, Zeitersparnis...; Nutzen für das gesamte Unternehmen.

Überlegen Sie, welchen Beweismitteln Ihr Gesprächspartner vermutlich die größte Überzeugungskraft zuschreiben wird.

- Wichtig ist, daß Sie selbst an Ihren Vorschlag glauben; zeigen Sie sich aber offen für Einwände und zusätzliche Gesichtspunkte.
- Bringen Sie Ihrem Gesprächspartner Wertschätzung entgegen. Beteiligen Sie ihn am Gespräch. Fördern Sie sein Selbstwertgefühl. Vermeiden Sie frontalen Widerspruch! Ein gutes Gespräch muß ein Geben und Nehmen sein; ein gutes Gespräch steuert auf ein Ergebnis zu, mit dem beide Seiten leben können und in dem sich beide als Gewinner fühlen.
- Bringen Sie nicht zu viele Argumente. Wer viel spricht, baut auch viele Angriffsflächen auf, er verliert in der Regel Sympathie und überfordert oft die Aufnahmefähigkeit des Gegenüber. Beschränken Sie sich daher auf Schlüsselargumente und überzeugende Beweismittel. Setzen Sie Prioritäten!
- Je kritischer Ihr Gesprächspartner, um so wichtiger ist die zweiseitige Argumentation. Er erwartet, daß Sie auch einige Nachteile ansprechen.
- Stellen Sie Ihre Argumente anschaulich dar. Denken Sie an die „Ankerfunktion" anschaulicher Bilder und Beispiele. Beachten sollten Sie allerdings, daß die Beispiele, Fälle, Vergleiche, Berechnungen usw. dem Erfahrungsbereich Ihres Gesprächspartners in etwa entsprechen.
- Wiederholen Sie die Schlüsselargumente in anderem Zusammenhang. Steter Tropfen höhlt den Stein. Argumente prägen sich erst durch Wiederholung ein!

(5) Einwandbehandlung

Ziel: *Einwände psychologisch „richtig" behandeln! Streitgespräch vermeiden; keine Perfektion*

- Einwände sind positive Signale, sie sind Orientierungshilfen für die Argumentation
- Vermeiden Sie direkten Widerspruch
- Hören Sie aufmerksam zu (Ist der Einwand echt oder liegt ein Prestige- oder ein taktisches Motiv zugrunde?)
- Bleiben Sie ruhig und gelassen
- Lassen Sie ausreden
- Überlegen Sie vorher, welche Einwände Ihr Gegenüber bringen könnte. Legen Sie Reaktionsmöglichkeiten hierfür fest.
- Nutzen Sie die „Technik der bedingten Zustimmung" und ähnliche Techniken, um Einwände partnerschaftlich zu behandeln (siehe hierzu Baustein 8)

(6) Gesprächsabschluß

Ziel: *Alle Chancen nutzen, um den Vorschlag durchzubringen, einen Kompromiß zu erreichen oder einen geordneten Rückzug ins Auge zu fassen*

- Achten Sie auf (direkte und indirekte) zustimmende Abschlußsignale, z.B.:
  - Fragen nach Einzelheiten
  - körpersprachliche Signale (Mimik, Lächeln, Verringerung der Distanz...)
  - Gesprächspartner fragt nach den Erfahrungen anderer und möchte damit zusätzlich Sicherheit
  - offenes Ja

Wenn die Entscheidung gefallen ist, sollte man unter gar keinen Umständen weiterargumentieren. Hingegen ist es ratsam, kurz die Folgeaktivitäten zu besprechen: Wer tut was mit wem bis wann und wie?

Nach dem Gespräch sollten Sie:

- den Verlauf der Verhandlung analysieren (Was lief gut, was hätten Sie anders/besser machen können?),
- daraus die Konsequenzen für das nächste Gespräch ziehen,
- alle wichtigen Fakten und Details aufschreiben.

Notieren Sie auch, was Sie über den persönlichen Bereich des Gesprächspartners (Interessen, Hobbys, Verhandlungsstil, Einwände Vorurteile...) erfahren haben. Diese Information können für Folgegespräche von unschätzbarem Wert sein.

Nicht vergessen

- Vorbereitung
- Bedarfsanalyse durch Fragen
- Nutzenargumentation
- Zeigen/Demonstrieren
- Gleichgewicht im Gespräch
- Glaubwürdigkeit
- Psychologisches Klima schaffen

Transferhilfen für den Alltag

Das Lesen dieses Buches reicht allein nicht aus, um Ihr Auftreten und Ihr Argumentationsgeschick nachhaltig zu verbessern.

Jeder weiß aus eigener Erfahrung, wie schwierig es ist, Gelesenes in neue Gewohnheiten umzusetzen und sich aus eingefahrenen Denk- und Handlungsabläufen zu lösen.

Vorsätze lassen sich nicht durch einen einmaligen Entschluß in die Alltagspraxis umsetzen. Notwendig ist vielmehr die beharrliche und bewußte Arbeit an sich selbst. Ohne den Willen und die Fähigkeit zur Selbsterziehung lassen sich Gewohnheiten, die ja in der Regel Ergebnis eines jahrlangen Lernprozesses sind, kaum verändern.

Dieses abschließende Kapitel zeigt ihnen, wie Sie günstige Voraussetzungen dafür schaffen können, Ihr Verhalten zu verbessern.

> *„Vor Fehlern ist niemand sicher.*
> *Die Kunst besteht nur darin,*
> *denselben Fehler nicht zweimal zu machen."*
> *Edward Heath*

Neue Gewohnheiten aufbauen

Lernpsychologisch sinnvoll ist ein Vorgehen in vier Schritten:

1. Stärken-Schwächen-Analyse als Ausgangspunkt

Bei der Bestandsaufnahme der eigenen Stärken und Schwächen ist es ratsam, alle Erkenntnisquellen auszuschöpfen, die Ihnen zugänglich sind:

Selbstkontrolle und Erfahrungsverarbeitung im Alltag

Stellen Sie sich die folgenden Fragen:
- Bin ich in der Regel erfolgreich, wenn ich andere überzeugen will? Beim Sprechen, Argumentieren, Diskutieren? Wenn nein, wo liegen vermutlich die Ursachen?

- Habe ich Informationen darüber, wie ich auf andere wirke?
- In welchen Bereichen liegen meine Stärken, wo meine Schwächen: beim Selbstvertrauen, bei der fachlichen Kompetenz, bei der Einwandtechnik, bei der Vortragstechnik, bei Diskussionen?
- Was waren im Bereich des Sprechens und Diskutierens meine bisher größten Erfolge? Wo liegen vermutlich die persönlich größten Defizite?

Lernen durch offene und ehrliche Rückmeldung (= Feedback)

Ungeschminkte Urteile von anderen sind hilfreich, um realistische Informationen darüber zu bekommen, wie Ihre Verhaltensweisen von der Umwelt wahrgenommen, verstanden, erlebt und bewertet werden.

Es ist zum Beispiel wichtig zu wissen, wie Sie bei anderen Personen ankommen, wenn Sie argumentieren und Ihre Ideen gegen Kritik verteidigen.

Feedback kann auf unterschiedliche Weise gegeben werden: durch Worte, durch Körpersprache (ablehnende oder positiv-freundliche Mimik, Kopfschütteln; Zuwendung; Beifall) oder durch konkretes Verhalten (Unruhe; den Raum verlassen).

Wenn Sie Ihr Verhalten verbessern wollen, ist es unverzichtbar, Feedback von anderen anzunehmen und Ihre Verhaltensweisen/ Ihre Einstellungen entsprechend zu überdenken. Achten Sie auf die Rückmeldungen aus ihrer beruflichen Umgebung, auf die Meinung von Menschen Ihres Vertrauens, und nutzen Sie die Chancen im Seminar, mehr über Ihre Wirkung auf andere zu erfahren. Im Kern geht es darum, Ihr Selbstbild mit Ihrem

Fremdbild in Einklang zu bringen und an dem eigenen „blinden Fleck“ zu arbeiten. Diese Zusammenhänge erläutert das „Johari-Fenster“ (entwickelt von *Jo* Luft und *Harry* Ingham)

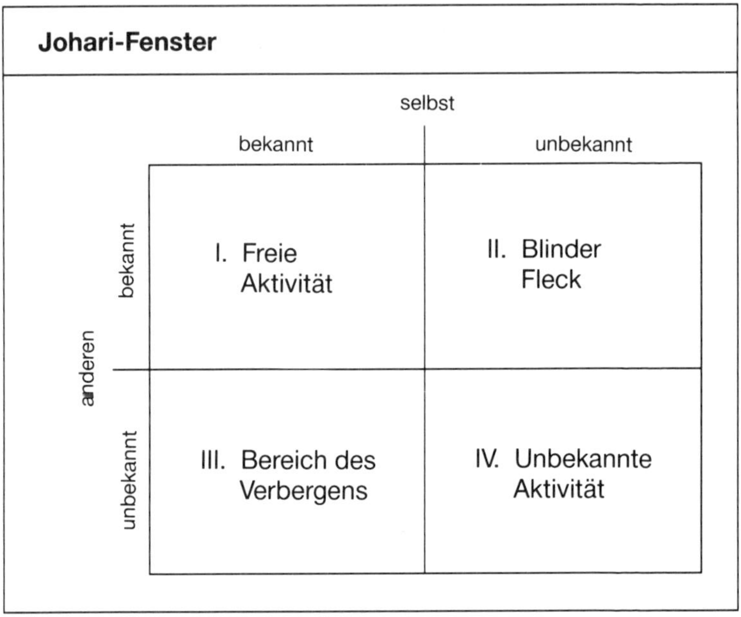

Abb. 17

Unsere zwischenmenschlichen Beziehungen lassen sich mit Hilfe der vier Flügel des Johari-Fensters beschreiben:

Der Bereich I ist der Teil unserer Persönlichkeit, der uns und den anderen (Kollegen, Mitarbeitern, Freunden, Seminarteilnehmern o.a.) bekannt ist. Dies ist der Bereich der freien Aktivität.

Der Bereich II ist der sogenannte „Blinde Fleck“. Es ist derjenige Teil unserer Persönlichkeit, der den anderen sichtbar und erkennbar, uns selbst aber nicht bewußt (unbekannt) ist. So mögen Sie beispielsweise aus der Sicht Ihrer Zuhörer unverständlich sprechen und keinen Blickkontakt halten. Sie selbst haben sich diese Defizite jedoch noch nicht bewußt gemacht. Dies gilt genauso für positive Wirkungen, die nur Ihre Umgebung wahrnimmt, Sie aber nicht.

In Feedback-Gesprächen haben Sie die Chance, in Erfahrung zu bringen, wie Sie auf andere wirken, wo Ihre Stärken liegen, wo Schwachstellen sind. Mit Hilfe einer Videokontrolle können Sie das überprüfen, was andere Ihnen über die Wirkung Ihres verbalen und non-verbalen Verhaltens sagen.

Der Bereich III ist derjenige Teil Ihrer Persönlichkeit, der Ihnen bekannt und bewußt ist, den Sie aber vor anderen verbergen. Beispielsweise werden Sie bei wichtigen Gesprächen nicht offen Wissenslücken, Redehemmungen, oder eine unzureichende Vorbereitung zugeben.

Wie weit Sie sich anderen mitteilen, hängt natürlich auch vom Grad des gegenseitigen Vertrauens ab.

Der Bereich IV ist das Feld unbekannter Aktivität. Einmal gehört dazu alles, was Ihnen und der Umwelt nicht bewußt ist. Zum Beispiel verdrängte Ereignisse. Zum anderen auch Handlungen, die in der Zukunft liegen und die daher weder Ihnen noch den anderen bekannt sein können.

Wenn Sie anderen Feedback geben oder Feedback engegennehmen, sind einige Regeln zu beachten.

Sie geben Feedback:

- Sagen Sie dem anderen das, was Sie konkret beobachtet (gesehen, gehört) haben
- Erläutern Sie, wie das Verhalten auf Sie gewirkt hat
- Vermeiden Sie moralische Bewertungen und Interpretationen (z.B. „Du bist nicht überzeugend"; „Du kommst nicht an")
- Nennen Sie zunächst das Positive, dann das Negative
- Wenn Sie Negatives erwähnen, bieten Sie konstruktive Alternativen an. Beispiel: „Die Folien wirken auf mich sehr überladen. Was halten Sie davon, den Inhalt aufzuteilen...".
- Geben Sie möglichst bald Feedback
- Seien Sie offen und ehrlich

Sie erhalten Feedback
- Nehmen Sie Feedback an
- Rechtfertigen Sie sich nicht
- Hören Sie zu, fragen Sie nach, klären Sie

Machen Sie sich einige Minuten Gedanken, wie Sie heute Ihre Sprech- und Argumentationsfähigkeit einschätzen. Wo sehen Sie den größten Lernbedarf, an welchen Verhaltensweisen wollen Sie arbeiten?

2. Das Know-how überzeugender Argumentation kennenlernen

Wer Stärken ausbauen und Schwachstellen überwinden will, benötigt Kriterien. Dieses Buch faßt die wichtigsten Tips und Empfehlungen für die Praxis zusammen. Weiterführende Orientierungen zu speziellen Themen erhalten Sie im Literaturverzeichnis.

3. Klare Vorsätze und Ziele

Versuchen Sie nicht, gleichzeitig mehrere neue Techniken in die Praxis umzusetzen. Dies führt zu Frustrationen, weil Erfolgserlebnisse ausbleiben. Besser ist es, an wenigen Schwachstellen zu arbeiten. Aber dies konsequent.

Machen Sie Ihren persönlichen Anwendungsplan: Schreiben Sie zwei bis drei Vorsätze auf, die Sie in die Praxis umsetzen wollen. Und geben Sie zeitliche Ziele an. Bis wann wollen Sie welche Ziele erreicht haben?

4. Das Neue im Alltag anwenden

Jede Diskussion, jedes Gespräch, jedes Telefonat ist eine gute Gelegenheit, um die eigene Überzeugungskraft zu trainieren und aus Fehlern zu lernen. Bei dem großen Psychologen William James finden sich drei Schlüssel zum Erwerb neuer Gewohnheiten:

Intensiv beginnen

Beginne mit den neuen Gewohnheiten so intensiv wie möglich. Individuelle *Anwendungspläne,* Merkhilfen und vielleicht ein unterstützendes *mentales Training* tragen mit dazu bei, nicht in die alten Verhaltensmuster zurückzufallen. Jeder Tag, an dem ein Rückfall vermieden werden kann, vergrößert die Chancen, daß die neue Gewohnheit fortbesteht. Ein Mentaltraining – wie es in Baustein 1 beschrieben wurde – hat allerdings nur Sinn, wenn Sie regelmäßig (täglich) üben.

Kleine Schritte sichern Erfolge

Lasse nie eine Ausnahme zu, ehe die neue Gewohnheit festen Fuß gefaßt hat. Wichtig ist auch hier, von erreichbaren Lernzielen auszugehen und dadurch Erfolgserlebnisse zu ermöglichen. Wer auf kurze Frist viele neue Techniken und Vorsätze umsetzen will, wird scheitern. Ihre Anstrengungen müssen positive Konsequenzen haben, denn nur sie fördern die Motivation, das Neue weiterzuverfolgen. Es ist daher ratsam, sich ein oder zwei persönliche Schwachstellen herauszusuchen und diese zu überwinden. Setzen Sie sich hierbei Fristen, und überprüfen Sie Ihren Lernfortschritt durch regelmäßige Selbstkontrolle.

Sofort beginnen

Ergreifen Sie die erstmögliche Chance, Ihren Vorsatz durchzuführen. Vorsätze teilen Ihrem Gehirn ein neues „Verhaltensmuster" mit, allerdings nicht, wenn sie getroffen werden, sondern erst, wenn sie konkrete Auswirkungen im Alltag haben. William James bringt es auf die Formel: „Eine Tendenz zum Handeln wird nur proportional zu der Häufigkeit eingepflanzt, in der diese Handlungen tatsächlich vorkommen. Wenn ein Vorsatz oder feines Gefühl verpuffen kann, ohne praktische Früchte zu tragen, ist das schlimmer als eine verpaßte Gelegenheit; dies wirkt sich im Gegenteil auf die Verhinderung zukünftiger Vorsätze und Emotionen aus..."

Chancen des Seminarlernens nutzen

Die Teilnahme an Seminaren bietet – pädagogische und inhaltliche Qualitätsstandards vorausgesetzt – eine Reihe zusätzlicher Chancen: Das rhetorische und dialektische Know-how wird zeitsparend und erwachsenengerecht vermittelt; Sie erhalten Gelegenheit, unter fachlicher Anleitung praxisbezogen zu trainieren, Neues zu erproben, Erfahrungen mit anderen Teilnehmern auszutauschen und durch Feedback-Gespräche und Videokontrolle Ihren „Blinden Fleck“ zu verkleinern.

Wenn Sie sich für Seminare interessieren...

Vor der Teilnahme sollten Sie die Qualität der Veranstaltung anhand einiger Mindestkriterien kontrollieren:

- Prüfen Sie Image, Programmschwerpunkte und Erfahrungen des Anbieters
- Fragen Sie nach Qualifikation, berufspraktischen Erfahrungen und Referenzen des Trainers
- Entsprechen die Zielgruppe und die Lerninhalte Ihren Voraussetzungen und Erwartungen?
- Ist das Seminar praxisbezogen gestaltet und ist Gelegenheit gegeben, praktisch zu üben?
- Bewegt sich die Teilnehmerzahl in einem vertretbaren Rahmen (möglichst nicht mehr als 8 bis 12 bei drei Tagen Verhaltenstraining)?
- Sind Transferhilfen zur Umsetzung des Erlernten vorgesehen?
- Kommen vorwiegend aktivierende Lernmethoden zum Einsatz, also: Simulation, Diskussion, Erfahrungsaustausch, Fallstudien, Übungen, Planspiele...?

Sprechen Sie die Abteilung Weiterbildung/Personalentwicklung in Ihrem Unternehmen an. Dort ist in der Regel das Wissen und die Marktkenntnis vorhanden, um eine optimale Seminarempfehlung zu geben.

Als Sekretärin, Chefassistentin oder weibliche Führungskraft finden Sie geeignete Ansprechpartner in den Berufsverbänden der Sekretärinnen sowie in den übrigen Einrichtungen der allgemeinen und der Führungskräfte-Weiterbildung.

Wichtige Ansprechpartner für Rhetorik- und Dialektik-Seminare:

BDS
Bund Deutscher Sekretärinnen e.V.
Zentnerstraße 44
80796 München
Tel.: 0 89-2 71 68 73

DSV
Deutscher Sekretärinnen-Verband e.V.
Langewiesenstraße 1a
67063 Ludwigshafen
Tel.: 06 21-69 59 65

GWI-Institut München
Rosental 3
80331 München
Tel.: 0 89-2 60 70 86

Hohenstein Seminare
Haberstraße 27
69126 Heidelberg
Tel.: 06 22 1-31 26-0

Haus der Technik e.V.
Hollestraße 1
45127 Essen
Tel.: 02 01-18 03-1

SAK Sekretärinnen-Akademie e.V.
Werftstraße 2
23554 Lübeck
Tel.: 0451-87171-0

Dr. Albert Thiele & Partner
Advanced Training
Hülchrather Str. 28
40221 Düsseldorf
Tel.: 0211-151115

ESA Europa-Sekretärinnen-Akademie
Getreidemarkt 16
A-1010 Wien
Tel.: 0621-153132

European Association of Professional Secretaries (EAPS)
Head Office: Maison de l'Europe
35/37 rue des Francs-Bourgeois
F-74004 Paris

sowie:

Sekretärinnen-Schulen im DSV
Mitgliedsschulen der Sekretärinnen-Akademie e.V.
(Die Adressen der Schulen und Verbände finden Sie im Handbuch Sekretariat, Wiesbaden: Gabler 1989).

Fazit

Der Aufbau neuer Gewohnheiten verlangt in der Summe:
die Entwicklung mentaler Stärke; Selbstvertrauen; Offenheit

gegenüber neuen Ideen; Analyse der eigenen Stärken und Schwächen; ungeschminkte und ehrliche Rückmeldung von anderen; die Teilnahme an Seminaren; die Umsetzung der Seminarinhalte und das ständige Üben und Dazulernen im Alltag.

Suchen Sie in den verschiedenen Lebensbereichen aktiv nach Möglichkeiten, um zu sprechen, zu argumentieren und zu diskutieren. Setzen Sie auf Initiative und Engagement. Überwinden Sie Passivität und Ängstlichkeit. Akzeptieren Sie Fehler. Sie sind notwendig, wenn Sie erfolgreich sein wollen. Wichtig ist nur, daß Sie aus Fehlern lernen und Fehler nicht zweimal machen. Betrachten Sie den Alltag als Übungsfeld.

„Jede Gelegenheit im Alltag
ist die beste Gelegenheit,
um zu üben".
Jap. Weisheit

Literaturverzeichnis

Altmann, H.C.: Motivation der Mitarbeiter. Frankfurt 1990.

Antons, K.: Praxis der Gruppendynamik. 4. Aufl., Göttingen/Toronto/Zürich 1976.

Birkenbihl, V.F.: Signale des Körpers. München 1990.

Böttger, W., Zielinski, J.: Diskussionstechnik. Ein Lernprogramm. Düsseldorf 1974.

Carnegie, D.: Rede. Die Macht des gesprochenen Wortes. Schweickhardt 1988.

Dommann, D.: Faire und unfaire Verhandlungstaktiken – und wie man sich gegen unfaire Taktiken wehren kann. Frankfurt 1982.

Fisher, R., S. Brown: Gute Beziehungen. Die Kunst der Konfliktvermeidung, Konfliktlösung und Kooperation. Frankfurt/New York 1989.

Fisher, R., Ury, W.: Das Harvard-Konzept. Sachgerecht verhandeln – erfolgreich verhandeln. Frankfurt/New York 1985.

Frank, M.O.: Das 30-Sekunden-System. Landsberg a.L. 1987

Goldmann, H.M.: Wie man Kunden gewinnt. Essen 1984.

Goldmann, H.M.: Wie Sie Menschen überzeugen. Kommunikation für Führungskräfte. Düsseldorf/Wien/New York 1990.

Hamilton, W.G.: Die Logik der Debatte. Bemerkungen über den Glanz der Rede und die Schäbigkeit der Beweise. Heidelberg 1978.

Handbuch Sekretariat. Wiesbaden 1989.

Iacocca, L.: Eine amerikanische Karriere. Frankfurt 1987.

Larsen, G.H.: Das Harvard Graphics Buch. 4. Aufl., Düsseldorf 1990.
Lay, R.: Dialektik für Manager. München 1986.
Lennartz, A.: Konflikte im Chefzimmer erkennen und lösen. Landsberg 1989.
Loehr, J.: Persönliche Bestform durch Mental-Training. München/Wien/Zürich 1988.
Luft, J.: Einführung in die Gruppendynamik. Stuttgart 1971.
Molcho, S.: Körpersprache. München 1983.
Molcho, S.: Körpersprache als Dialog. München 1988.
Molcho, S.: Partnerschaft und Körpersprache. München 1990.
Peale, N.V.: Die Kraft positiven Denkens. Zürich 1986.
Peale, N.V.: Begeisterung wirkt Wunder. Zürich 1986.
Reiners, L.: Stilkunst. München 1974.
Reineke, W.: Das Verhandlungsbrevier. Köln 1985.
Rentrop, N. (Hrsg.): Der Reden-Berater, Handbuch für erfolgreiche Reden im Betrieb, in der Öffentlichkeit und im Privatleben. Bonn 1988.
Reusch, F.: Der kleine Hey. Die Kunst des Sprechens. Mainz 1956.
Rischar, K.: Spielregeln im Umgang mit Chefs. München 1991.
Rückle, H.: Körpersprache für Manager. Landsberg am Lech 1990.
Sarnoff, D.: Auftreten ohne Lampenfieber. Frankfurt/New York 1990.
Saul, S.: Das Gespräch als Führungsinstrument, hrsg. v. Bundesarbeitgeberverband Chemie e.V. Wiesbaden 1986.
Saul, S.: Führen durch Kommunikation. Weinheim, Basel 1993.
Scheerer, H.: Erfolgreich führen durch Überzeugen. München 1989.
Schliz, A., Winter, A.: Karriere im Sekretariat. München 1987.

Schulz von Thun, F.: Miteinander reden: Störungen und Klärungen. Reinbek b. Hamburg 1985.

Schwertfeger, B., Lewandowski, N.: Die Körpersprache der Bosse. Düsseldorf/Wien/New York 1990.

Seifert, J.W.; Pattay, S.: Visualisieren – Präsentieren – Moderieren. Speyer 1989.

Textor, A.M.: Sag es treffender. Hamburg 1985.

Thiele, A.: Karriereziele verwirklichen. So bestimmen Sie Ihren persönlichen Erfolg durch optimale Lernmethoden. Landsberg a.L. 1988.

Thiele, A.: Mit neuen Techniken wirkungsvoll präsentieren. 2. Aufl., Landsberg a.L. 1993.

Tiemeyer, E.: Geschäftsgrafiken mit Harvard Graphics. Braunschweig/Wiesbaden 1989.

Tillner, E., Franck, N.: Selbst sicher reden. München 1990.

Walther, G.: Phone Power. Das Telefon als effektives Erfolgsinstrument. Düsseldorf/Wien/New York 1990.

Wohlleben, H.-D.: Techniken der Präsentation. Gießen 1988.

Wrede-Grischkat, R.: Manieren und Karriere. Wiesbaden/Frankfurt a.M. 1990.

Zelazny, G.: Wie aus Zahlen Bilder werden, Wirtschaftsdaten überzeugend präsentieren. 3. Auflage, Wiesbaden 1992.

Dr. Albert Thiele, Geschäftsführer der Unternehmensberatung Dr. Albert Thiele & Partner, ist seit 18 Jahren als Management-Trainer, Fachbuchautor und Unternehmensberater in Düsseldorf tätig. Arbeitsschwerpunkte: Kommunikation; überzeugend argumentieren im Sekretariat; Präsentationstechniken; Verkaufspsychologie; Verhandeln im internationalen Geschäft; Dialektik und Kinesik; Service-Management; Führungsverhalten; Zeit- und Selbst-Management; Personal- und Weiterbildungsberatung.

Stichwortverzeichnis